Sur les traces de...

Louis XIV

Gallimard Jeunesse

ISBN : 2-07-057771-6

Loi n° 49-956 du 16 juillet 1949 sur les publications destinées à la jeunesse.

Dépôt légal : septembre 2006 - N° d'édition : 144318
Photogravure : Scanplus
Imprimé par EuroGrafica

Sur les traces de…

LOUIS XIV

raconté par Thierry Aprile
illustré par Antoine Ronzon

GALLIMARD JEUNESSE

Sur les traces de...

LOUIS XIV

BOURBONS

HABSBOURG

Henri IV
roi de France
de1589 à1610

\+ **Marie de Médicis**
(1573-1642)

Philippe III
roi d'Espagne
de 1598 à 1621

Louis XIII
roi de France
de 1610 à 1643

\+ **Anne d'Autriche**
(1601-1666)

Philippe IV
roi d'Espagne
de 1621 à 1665

Louis XIV
roi de France
de 1643 à 1715

\+ **Marie-Thérèse**
(1638-1683)

Charles II
roi d'Espagne
de 1665 à 1700

Louis le Grand Dauphin
(1661-1711)

\+ **Marie-Anne de Bavière**
(1660-1690)

Louis duc de Bourgogne
(1682-1712)
dauphin
de 1711 à 1712

\+ **Marie-Adélaïde de Savoie**
(1685-1712)

Charles duc de Berry
(1686-1714)

Philippe duc d'Anjou
roi d'Espagne
de 1700 à 1746

Louis
(1704-1705)

Louis duc de Bretagne
(1706-1712)
dauphin en 1712

Louis XV
duc d'Anjou
dauphin de 1712 à 1715
roi de France
de 1715 à 1774

Un royaume agrandi

Pour prix de ses efforts militaires et diplomatiques, Louis a réussi à approcher les limites du royaume de ce que l'on a appelé les « frontières naturelles » : les Pyrénées au sud, les Alpes le Jura et le Rhin à l'est. Mais l'expansion française vers le nord a été bien plus difficile.

Le sacre

Reims, le 7 juin 1654.

Ce dimanche, à l'aube, la foule se pressait devant la cathédrale.

– Tu vois quelque chose ?

– Non, mais on m'a dit que la reine mère et le cardinal Mazarin sont déjà rentrés dans l'église. Les invités continuent à affluer, il y a déjà des ambassadeurs, les plus grands évêques et les plus grands seigneurs du royaume...

– Regarde, les musiciens, les cavaliers vêtus de blanc, les gardes suisses, et... le roi !

– Il a l'air d'un enfant !

– Quinze ans, ce n'est pas très vieux...

À l'intérieur de l'édifice siégeait à la place d'honneur Anne d'Autriche, née **infante** du roi d'Espagne, reine de France par son mariage avec Louis XIII, et mère de Louis Dieudonné. À cinquante-trois ans, grande, toujours belle, elle arborait un visage empreint de dignité et d'énergie. À ses côtés se tenait Giulio Mazarini, en habit rouge de cardinal ; un visage doux et rond où

Infante : fille cadette du roi d'Espagne.

brillait un regard vif et intelligent. Lui qui concentrait sur sa personne tous les mécontentements et toutes les haines, notamment en raison de l'immense fortune qu'il avait su amasser, savourait son triomphe. Il se pencha vers la reine en la regardant avec une certaine tendresse :

– Voyez, Madame, j'ai mené à bonne fin l'œuvre que vous m'aviez confiée : la monarchie est sauvée. Cette cérémonie du sacre a mille ans d'âge, puisse la royauté durer longtemps encore...

La main sur l'Évangile, Louis prêta le serment du royaume :

– Je jure d'assurer à mes peuples paix, justice et miséricorde, et d'éliminer de mes terres les **hérésies** dénoncées par l'Église.

Hérésies : croyances religieuses que l'Église n'accepte pas.

Puis il reçut l'onction. L'évêque s'approcha de Sa Majesté :

– Sire, voici la Sainte Ampoule. L'huile qu'elle contient fera de vous le lieutenant de Dieu sur terre, vous désobéir devient un sacrilège.

Et de cette huile sacrée qui, selon la légende, avait été apportée par une colombe lors du baptême de Clovis en 496, l'évêque oignit le corps du jeune roi dans un ordre bien précis : le sommet de la tête d'abord, puis la poitrine, le dos, l'épaule droite puis l'épaule gauche, le pli du bras droit puis celui du bras gauche.

Ensuite, les plus grands seigneurs vinrent tour à tour revêtir Louis des insignes de la royauté :

– Sire, voici l'épée Joyeuse.

– Les éperons d'or pour soutenir la gloire de vos armées.

– La couronne de Charlemagne, ce diadème d'honneur, de gloire et de majesté qui vous fera régner sur l'univers.

– Le manteau d'apparat qui figure en bleu la nuit et en blanc taché d'hermine le jour.

– Le sceptre qui vous donne l'autorité absolue.

– La main de justice qui symbolise le pouvoir que vous tenez de Dieu.

Enfin les portes s'ouvrirent, des douzaines de colombes furent lâchées, un indescriptible tumulte de musique, de coups de canon et d'arquebuse retentit, bientôt dominé par les cris de « Vive le roi ! » lancés par la foule. Les plus chanceux des spectateurs massés devant le porche de la cathédrale racontaient ce qu'ils réussissaient à apercevoir de l'intérieur.

– Le roi est assis sur son trône, immobile, et nous regarde. Quel air de majesté !

La ville de Reims fut ensuite, durant toute une semaine, le théâtre de fêtes somptueuses. Deux jours après le sacre, Louis passa devant une rangée de trois mille malades à genoux. Il étendait la main droite sur eux en faisant un signe de croix :

– Dieu te touche, Dieu te guérit.

Cette cérémonie, que le roi répéta sa vie durant à chaque fête religieuse – Pâques, Pentecôte, Toussaint, Noël – signifiait qu'en même temps que son autorité, Dieu lui avait transmis le pouvoir de guérir les **écrouelles**.

Ainsi Louis fut-il fait roi devant les grands, devant son peuple, et surtout devant Dieu. À vrai dire, il était déjà officiellement roi de France depuis la mort de son père, Louis XIII, le 18 mai 1643, mais il n'avait alors que quatre ans et demi. Conformément à la tradition, en attendant que Louis soit majeur, sa mère Anne d'Autriche avait **assuré la régence**. Mais c'est le cardinal qui gouvernait, puisque la reine lui avait confié les affaires du royaume en le nommant chef de son conseil.

Écrouelles : forme de tuberculose.
Assurer la régence : gouverner au nom du roi encore trop jeune.
Cheval d'arçons : appareil qui sert aux exercices de gymnastique.

Le jeune Louis semblait ne rien aimer davantage que les exercices physiques, le **cheval d'arçons** et l'escrime, jouer de la guitare, danser, en n'hésitant jamais à se donner en spectacle, sortir à la chasse et en promenade, en excellent cavalier. Il passait ses soirées à la comédie, au ballet, au billard et à la table de jeu où il misait beaucoup d'argent, comme toute la Cour…

Cependant, s'il n'écoutait guère ses professeurs, il était très attentif aux conseils de Mazarin, qui, en tant que parrain, jouait auprès de lui le rôle de père adoptif. Il participa

au conseil, où se prenaient les grandes décisions, se plongea pendant des heures dans les papiers d'État. Il parcourut son royaume, à la fois pour voir ses sujets et se faire voir d'eux. Auprès de M. de Turenne, le plus célèbre maréchal des armées royales, il éprouva son courage au combat. Le rusé Mazarin lui fit découvrir l'art de la diplomatie et de la négociation. Il lui apprit comment s'entourer de ministres zélés et efficaces, mais sans cesser de s'en méfier. Il lui montra comment, pour être respecté, il fallait employer sa fortune à s'entourer de beauté et ne s'interdire aucun plaisir. Et le jeune roi se mit à aimer ce métier grand, noble et délicieux, et comprit qu'un travail acharné était la clé de sa gloire et donc du bien du royaume.

Le 26 août 1660, six ans après son sacre, Louis faisait une entrée triomphale dans Paris, de retour de Saint-Jean-de-Luz où il venait d'épouser Marie-Thérèse. Les jeunes souverains de vingt-deux ans trônaient sur une haute estrade, à l'entrée d'un faubourg de la ville. Devant eux, menant au palais du Louvre, la rue Saint-Antoine que leur cortège allait emprunter tout à l'heure était ornée de feuillages, de tapisseries, de tableaux, d'arcs de triomphe en carton... Tous deux faisaient face à une foule immense, peut-être le tiers des Parisiens, qui les acclamait. L'infante d'Espagne, la nièce de la reine Anne, l'air timide, gauche et emprunté, ne pouvait s'empêcher de

jeter des regards admiratifs vers son royal époux. Louis frappait indéniablement tous les esprits par sa beauté et son air grave et impassible.

Non loin d'eux, la robe d'Anne, la reine mère, scintillait sous les rayons du soleil. Son visage souriant paraissait néanmoins préoccupé. Elle se pencha vers Mazarin assis à ses côtés.

– Eh bien, Monsieur le Cardinal, est-ce donc désormais cette paix solide et glorieuse que nous attendions avec l'Espagne ?

– Ce mariage royal en est l'**augure** et c'est heureux, vingt-cinq ans de guerre ont épuisé vos sujets.

– Si fait, Monsieur, mais croyez-vous mon fils

Augure : signe qui semble annoncer l'avenir.

capable d'être un bon époux ? Rien ne paraît le distraire de ses plaisirs. Il n'a guère été assidu dans ses études et passe l'essentiel de ses journées à divertir son corps et son esprit. Et quel appétit, il dévore plus que de raison !

– Pouvez-vous le blâmer pour ses plaisirs, tant qu'ils ne mettent pas en péril la bonne marche de l'État ? Le grand air l'attire davantage que le confinement des cabinets, la belle affaire ! Et puis n'a-t-il pas su renoncer à ma nièce Marie Mancini, dont on m'a dit qu'il était fort amoureux... Ne vous fiez pas aux apparences, il sait fort à propos déguiser ses sentiments véritables ! Observez-le bien, dès qu'il se trouve en public, le roi compose aussitôt son attitude et prend une autre expression de figure, comme s'il devait paraître sur un théâtre. Voyez comme il se redresse, et combien sa prestance le fait paraître plus grand qu'il n'est.

Moins d'un an après cette cérémonie grandiose, au matin du 9 mars 1661, Mazarin se mourait dans son château de Vincennes. Louis, bouleversé, regardait, caché derrière une porte, le cardinal recevoir l'**extrême-onction**, entouré d'une foule de courtisans. Il savait qu'était venu le moment qu'il attendait et redoutait à la fois.

Quelques heures après la mort du cardinal, au palais du Louvre, dans la chambre de la reine où se tenait le conseil, les ministres, les secrétaires

Extrême-onction : sacrement administré par un prêtre à un fidèle en danger de mort.

d'État et les grands du royaume étaient réunis. Louis, sans émotion apparente, proclama d'une voix ferme :

– Les rois de France peuvent se vanter qu'il n'y a pas aujourd'hui dans le monde, sans exception, ni meilleure maison que la leur, ni monarchie aussi ancienne, ni puissance plus grande, ni autorité plus absolue…

La noble assistance acquiesça.

– … **Nous** avons bien voulu laisser gouverner nos affaires par feu Monsieur le Cardinal ; il est temps que nous les gouvernions nous-même. Messieurs, nous avons pris la résolution de réunir en nous-même toute l'autorité de maître, de commander nous-même nos États, sans nous en reposer que sur nos propres soins. Nous entendons donc réunir en nous deux personnes différentes, celle qui règne et celle qui gouverne. Quand nous aurons besoin de vos bons avis, nous vous ferons appeler.

Nous : remplace le « je » pour exprimer la majesté de celui qui parle.

Cette déclaration théâtrale et inattendue fut accueillie dans un silence absolu. Les ministres de Mazarin qui songeaient déjà à se disputer la succession de leur maître ne furent pas les moins étonnés.

Louis venait de dissiper la timidité qu'il ressentait, surtout quand il lui fallait parler en public. En cet instant solennel, il sut qu'il était enfin roi, et né pour l'être.

UNE MONARCHIE ABSOLUE DE DROIT DIVIN, tel est le régime que les rois de la dynastie des Bourbons installent progressivement en France. Ils s'attachent à construire dans ce royaume très disparate et très vaste un État centralisé dans lequel l'autorité du roi ne souffre aucune contestation.

Couronne royale

Le roi Louis XIII précédant le cardinal de Richelieu.

Le cardinal de Richelieu (Paris 1585 – Paris 1642)
Entré au conseil en 1624, Richelieu a inspiré au roi Louis XIII, le père de Louis XIV, une politique de grandeur de la France et de la monarchie et a été chargé de la mettre en œuvre.

Anne d'Autriche

La reine Anne d'Autriche (Valladolid 1601 – Paris 1666)
Membre de la dynastie des Habsbourg qui règne sur une grande partie de l'Europe, Anne épouse Louis XIII en 1625. À partir de la naissance de Louis Dieudonné, en 1638, elle prend partie en défendant les intérêts de son fils plutôt que ceux de son frère, le roi d'Espagne.

Louis XIV rencontre Philippe IV, roi d'Espagne, accompagné de Marie-Thérèse

Le mariage de Louis avec Marie-Thérèse
Le mariage de Louis avec Marie-Thérèse, fille du roi d'Espagne, est célébré à Saint-Jean-de-Luz le 9 juin 1660. Cette union avait été décidée par le traité des Pyrénées, signé en 1659. Elle symbolise la fin de la guerre entre l'Espagne du Roi Catholique et la France du Roi Très Chrétien.

Le cardinal Mazarin

« Si le jeune Louis n'écoutait guère ses professeurs, il était très attentif aux conseils de Mazarin, son parrain… »

Le cardinal Jules Mazarin (Pescina 1602 – Vincennes 1661)
Le cardinal italien placé par la reine Anne d'Autriche à la tête du conseil de régence réussit à restaurer la monarchie contre ses ennemis après une guerre civile de quatre ans, la Fronde (1648-1653). Il parvint également à affirmer la puissance française contre les royaumes tenus par les Habsbourg d'Autriche et d'Espagne.

L'arrestation de Fouquet

Le lundi 29 août 1661 au matin, Louis quitta le château de Fontainebleau où résidait la Cour, comme tous les étés, avec une quarantaine de cavaliers. Le jeudi suivant, arrivée à Nantes, la petite troupe franchit le pont-levis de la majestueuse forteresse qui avait été la résidence des ducs de Bretagne, et mit pied à terre. Visiblement heureux de cette longue chevauchée, éclatant de jeunesse, de vigueur et de santé, le roi s'adressa à ses compagnons :

– Messieurs, nous sommes ici pour l'ouverture des **états de Bretagne**, mais c'est le bien de tout notre royaume qui doit occuper nos pensées.

États de Bretagne : assemblée politique qui participe au gouvernement de la Bretagne.

Puis chacun s'installa dans ses appartements. Le roi profita de quelques moments de liberté pour se remémorer son dernier entretien particulier avec Colbert. À quarante ans, Jean-Baptiste Colbert ne quittait jamais son air sévère et sa mine renfrognée. Il n'aimait rien tant que trouver en toutes matières, dans les lettres, les arts, la religion, la politique, l'argent, une méthode pour conduire les sentiments, les idées et les affaires. Rusé et patient comme la couleuvre qui ornait son **blason**, travailleur infatigable, il avait servi ses intérêts propres, ceux de sa famille, et ceux du royaume tout en gérant l'immense fortune du cardinal. Comme d'autres, il cherchait à se rendre indispensable au nouveau roi. Son principal rival était le surintendant des Finances Nicolas Fouquet. Vivant fastueusement dans un luxe insolent, ce dernier visait presque ouvertement à jouer le même rôle que Mazarin, celui de véritable maître du royaume.

– Colbert, je connais vos vertus d'application, d'intelligence et de probité, que pensez-vous du surintendant des Finances ?

– Je pense, Votre Majesté, que le sieur Fouquet confond la fortune de l'État avec la sienne. Il vous prête comme particulier et se rembourse comme ministre. Lui et ses **traitants** s'y entendent pour ruiner la France. Souvenez-vous de cette fête donnée l'année dernière en votre honneur en son château de Vaux-le-Vicomte...

Blason : figure des armoiries d'une famille.
Traitants : financiers chargés de prêter de l'argent et de collecter les impôts, moyennant une commission.

Colbert visait juste. Louis n'avait rien oublié du magnifique château construit par l'architecte Le Vau, de son admirable décor peint par Le Brun, des jardins ornés de fontaines et de jets d'eau imaginés par le jardinier Le Nôtre, de la musique élégante composée par Lulli, du rire de Molière, l'extraordinaire comédien, de l'impression de

perfection qui se dégageait de cette trop belle fête. Tout, jusqu'au feu d'artifice final qui fit pleuvoir une pluie d'or sur son cortège, il avait tout rêvé pour lui-même et le service de sa gloire.

– Ainsi donc, Colbert, Fouquet exige des impôts pour le service de ses dépenses personnelles ! Non content de ruiner l'État, il nous rend odieux à nos peuples en les accablant de taxes !

– On me dit, Votre Majesté, qu'il complote à partir de Belle-Île, qu'il fortifie, prêt à se vendre aux Anglais.

Louis avait écouté, et longuement mûri sa décision. L'heure était venue de trancher.

Le lundi 5 septembre, jour anniversaire de ses vingt-trois

ans, le jeune roi travaillait avec le surintendant des Finances dans une salle du château de Nantes. Il se faisait expliquer quels moyens le ministre comptait employer pour satisfaire les énormes besoins financiers de l'État, nés de la dette accumulée pendant les années de guerre contre l'Espagne. Leur entretien s'achevait.

– Sire, depuis neuf longues années, j'ai été chargé par le cardinal de trouver pour l'État l'argent nécessaire à sa politique. Je n'ai jamais failli à cette mission, aussi je pense être le mieux placé pour poursuivre cette tâche.

– Décidément, Monsieur, j'apprécie votre souci de me servir.

– J'entends être fidèle à l'écureuil qui figure dans les armes de ma famille et à sa devise : ***Quo non ascendet ?***

Le visage de Louis se fendit d'un sourire. Il conclut :

– Je verrai. J'écoute, je consulte mes conseils, mais je décide : Dieu m'a fait roi, il me donnera les lumières qui me sont nécessaires tant que j'aurai de bonnes intentions.

Après avoir pris congé, Nicolas Fouquet vit se dresser devant lui d'Artagnan. Il comprit aussitôt sa disgrâce. Charles d'Artagnan avait été dans sa jeunesse l'un des nombreux **cadets de Gascogne** venus chercher la gloire des armes auprès de la Cour. Devenu sous-lieutenant des mousquetaires, il se chargeait de toutes les missions délicates. Il

Quo non ascendet ? : où ne montera-t-il pas ?
Cadet de Gascogne : fils sans héritage d'un noble pauvre du sud-ouest de la France.

s'approcha de Fouquet et lui lut : « Moi, Louis, roi de France par la grâce de Dieu, donne l'ordre d'arrêter Nicolas Fouquet, surintendant des Finances. » Le brillant ministre, puissant et admiré autant que craint, venait de tout perdre. Son carrosse, escorté par d'Artagnan et ses hommes, fut hué par la foule tout au long de la route qui le conduisait vers sa prison parisienne.

Durant toute cette année 1661, Louis multiplia les audiences publiques et les entretiens privés, écoutant avec soin, attentif à tout savoir et tout connaître. Il décida de l'organisation de son gouvernement en fixant la régularité de ses différents conseils et les domaines de compétence des ministres, des secrétaires d'État et des conseillers.

Dîner : repas pris vers une heure de l'après-midi.

Un jour sur deux, avant le **dîner**, dans quelque résidence royale qu'il se trouvât, Louis ouvrait dans une pièce de son appartement la séance du Conseil d'en haut, le conseil le plus prestigieux, chargé des affaires les plus importantes. Assis dans un fauteuil de velours rouge brodé d'or et d'argent, il se tenait au bout d'une longue table recouverte d'un tapis de velours violet à bordure d'or fleurdelisée. Les ministres se plaçaient tout autour, assis sur des tabourets pliants.

D'ordinaire, Louis parlait peu. Mais, ce jour-là, le 1er novembre 1661, le dauphin, Louis de France, venait de naître : l'avenir de la dynastie était assuré. Le roi fut plus disert que jamais en ouvrant le Conseil d'en haut. Devant lui, aucun grand du royaume, ni duc, ni pair, aucun dignitaire de l'Église, mais trois hommes qui avaient au moins le double de son âge, trois hommes d'expérience rodés au service de la monarchie par Mazarin, leur précédent maître : Michel Le Tellier, qui exerçait sa charge de secrétaire d'État à la guerre depuis dix-huit ans, Hugues de Lionne, un rusé diplomate, et enfin, Jean-Baptiste Colbert, qui remplaçait Fouquet.

Le roi commença par affirmer ses ambitions nouvelles :

– Messieurs, nous entendons être fidèle à la volonté de nos ancêtres, et porter notre gloire, notre dignité, notre grandeur et notre réputation dans le monde entier. Voyez le Soleil : par le bien qu'il fait en tous lieux, produisant sans cesse de tous côtés la vie, la joie et l'action, par son mouvement sans relâche, où il paraît toujours néanmoins tranquille, par cette course constante et invariable, dont il ne s'écarte et ne se détourne jamais, est assurément la plus vive et la plus belle image d'un grand monarque. Il sera notre emblème, et notre devise : ***Nec pluribus impar***.

Il n'était nul besoin de rappeler aux membres du conseil comment le pouvoir royal avait été contesté après la mort de Louis XIII, lors de la Fronde, par les grandes familles nobles, les parlements, surtout celui de Paris, les révoltes du peuple des villes et des campagnes, et même les religieux. Ces ministres

Nec pluribus impar : que l'on peut traduire par « supérieur à tous ».

avaient contribué à rétablir l'autorité du roi dans son royaume. Cependant, ils furent surpris par le ton du jeune monarque.

– J'entends que le désordre qui règne cesse, et réduire à l'obéissance tous ceux qui prétendent avoir un jugement sur mes décisions.

Conscient, comme tous les hommes de son temps, de l'extraordinaire richesse de son royaume, le plus peuplé d'Europe, il continua :

– Vous le savez, les financiers sont habiles à piller nos richesses. Nous entendons régler la recette et la dépense de notre État, signer nous-même les pièces comptables, étudier le budget article par article, en compagnie de M. Colbert, qui désormais sera des nôtres. Nous avons, en matière d'économie et d'administration de notre royaume, des projets. Il nous entretiendra de leur avancement.

Héritier d'une dynastie qui avait patiemment agrandi le royaume, il ne comptait pas être en reste.

– Depuis le traité de paix avec le roi d'Espagne, mon beau-père, tout est tranquille en tous lieux, et nos ennemis sont neutralisés. Mais ils n'ont pas baissé leur garde. Nous voulons savoir à toute heure le nombre et la qualité de nos troupes et l'état de nos places fortes, et donner en personne nos ordres pour tous les besoins.

Il savait que les conquêtes dépendent tout autant de la diplomatie que des armes.

– Nous voulons que nos diplomates nous transmettent toutes les dépêches. Nous y ferons nous-même les réponses. Nous prendrons soin de montrer notre splendeur aux ambassadeurs que nous recevrons, et ce qu'il en coûte de contester notre gloire !

Et il conclut devant ses ministres silencieux et attentifs :

– Messieurs, nous aurons à rendre un compte public de toutes nos actions à tout l'univers et à tous les siècles, mais le secret est l'un des principaux fondements de la politique. C'est à ce profond secret, autant qu'à la prompte exécution de tant de vastes projets, que nous devrons les grands et merveilleux succès de notre règne. J'attends de vous obéissance, zèle et exactitude. Notre gratitude sera votre récompense.

À ceux qui pensaient que le jeune roi resterait esclave de ses plaisirs ou se lasserait bientôt de son métier, la disgrâce de Fouquet apportait un cruel démenti. Le procès du ministre trop sûr de lui s'acheva en décembre 1664 par une condamnation à l'exil. Mais Louis, rancunier, la transforma en peine de prison au fort de Pignerol, où Nicolas Fouquet mourut en 1680, sans avoir recouvré la liberté.

LE ROYAUME DONT HÉRITE LOUIS XIV est le plus peuplé – plus de vingt millions de sujets – et sans doute le plus riche d'Europe. Pour satisfaire sa gloire et ses ambitions, Louis XIV, aidé par ses ministres, tente d'accroître les ressources du pays. Dans le même temps, il prélève sans compter les richesses produites par le travail de ses sujets.

Les « manufactures royales »
Certaines avaient le monopole de la fabrication de produits de luxe : soie, verre, porcelaine. Mais la majorité produisait des articles plus communs (textile ou armement).

Visite de Louis XIV à la manufacture des Gobelins

“Nous avons, en matière d'économie et d'administration de notre royaume, des projets...”

Jean-Baptiste Colbert (Reims 1619 – Paris 1683)
Colbert est le ministre le plus célèbre de Louis XIV. Par son œuvre législative, il a attaché son nom à une politique d'enrichissement du royaume, à la construction d'une puissante marine de guerre, à la création de nombreux édifices et institutions. Après sa mort, le roi employa nombre de ses descendants.

Port au blé et pont au Change à Paris

Les villes de commerce
La Seine, comme les autres fleuves, est une voie de communication qui assure la fortune des villes, où la bourgeoisie manufacturière et commerçante et la « noblesse de robe » dominent le petit peuple urbain.

Famille de paysans dans un intérieur, *par Le Nain*

La paysannerie
Méprisés ou ignorés, les paysans composent pourtant l'immense majorité de la population. Après avoir payé leurs impôts, en argent ou en nature, aux propriétaires de la terre, à l'Église, aux seigneurs, au roi…, il leur reste à peine de quoi vivre dignement.

Louvois

François Louvois (Paris 1639 – Versailles 1691)
Rival de Colbert, collaborateur, puis successeur de son père Michel Le Tellier, Louvois eut la charge de l'organisation de la puissance militaire du royaume : l'armée, avec ses fantassins et ses artilleurs, l'armement, le ravitaillement… Il plaida toujours pour l'utilisation de la force, en toutes circonstances, à l'intérieur comme à l'extérieur du royaume.

Les Plaisirs de l'île enchantée

Dans les jardins de Versailles, du 6 au 13 mai 1664.

Un sifflet retentit, et le fontainier activa la lourde vanne. L'eau jaillit avec force et monta à une dizaine de mètres de hauteur. Les spectateurs émerveillés levèrent la tête. Le roi se promenait dans les jardins de Versailles, à quatre **lieues** de Paris, où son père avait fait construire un pavillon de chasse. Il se trouvait en compagnie d'un ami fidèle, le duc de Saint-Aignan, premier gentilhomme de la Cour, du jardinier Le Nôtre, du vieux Francini, fontainier en chef, et de ses deux fils. Ils revenaient d'observer dans la ménagerie les animaux les plus rares.

Lieue : ancienne mesure de distance qui valait 4 km environ.

Les plans du jardin dessinés par Le Nôtre étaient bien apparents, et déjà plantés. Les explications passionnées du jardinier faisaient apparaître aux yeux du petit groupe les jardins carrés et les massifs arborés plantés de chênes,

d'érables, de marronniers, de hêtres, de charmes, de frênes ; les palissades en charmilles taillées, les bosquets de tilleuls, de sorbiers et de merisiers derrière les haies de noisetiers ; le décor végétal fait de sapins, d'ifs, de buis, d'épicéas taillés **en topiaire**, les broderies de gazon, les parterres de fleurs qui parfumaient la douce soirée du mois de mai. Tout semblait avoir été organisé comme le décor d'un théâtre.

– Et les orangers, Le Nôtre ? Vous savez que c'est mon fruit préféré.

– Sire, les bâtiments de l'orangerie seront bientôt finis, capables d'en **acclimater** près de deux mille caisses.

En topiaire : taillé selon une forme originale, géométrique ou animale, par exemple.
Acclimater : permettre à une plante de croître dans un milieu différent.

Petit à petit, les paroles du jardinier insufflaient la vie à tout ce décor végétal, désignant les personnages qui représentaient la nature dans les fontaines, les bassins et les statues. Ici, les êtres venus de la mythologie antique, les déesses Flore et Pomone, les satyres et les faunes, les tritons et les nymphes… Là, les figures des quatre saisons, des douze mois de l'année, des quatre parties du monde… Et régnant sur tout ce peuple de dieux et de déesses, sur les éléments et les saisons, le dieu du Soleil, Apollon.

Ils arrivèrent à la grotte de Thétis, où les Francini avaient inventé un univers fantastique, composé de rocailles, de cristaux, de coquillages et de galets.

– Entendez-vous, Sire ?

– Des oiseaux, Francini, des oiseaux.

– Prêtez mieux l'oreille, Votre Majesté.

Et le roi se fit expliquer l'ingénieux dispositif hydraulique qui animait les tuyaux d'un orgue produisant le sifflement des oiseaux ! Plus loin, Louis et ses compagnons arrivèrent devant une magnifique pièce d'eau où des ouvriers assemblaient un autre décor, celui-ci fait de bois et de toiles peintes : des tentes, des palissades, des portiques…

– Saint-Aignan, tout sera-t-il prêt ? Il y aura à ce spectacle auquel nous convions la Cour près de six cents invités. Il faudra les nourrir ; quant à les loger, ma foi, le château est encore bien trop petit.

Puis il entraîna son confident un peu à l'écart.

– Qu'avez-vous prévu pour la reine ?

– Un compliment, Sire.

– Donnez-le-moi, je brûle d'impatience.

– Le premier soir, après le ballet, juste avant le souper, on lui offrira des fleurs et on lui dira :

« Entre toutes les fleurs nouvellement écloses,
j'ai fait le choix de ces lys
que, dès vos premiers ans, vous avez tant chéris.
Louis les fait briller du couchant à l'aurore.
Tout l'univers charmé les respecte et les craint :
Mais leur règne est plus doux et plus puissant encore
Quand ils brillent sur votre teint. »

– Fort bien… et pour celle qui fait battre mon cœur ?
– Une chanson, Sire, dont voici le refrain :
« Il n'est rien qui ne se rende
aux doux charmes de l'amour. »

À l'heure dite, d'Artagnan, portant la livrée des mousquetaires du Roi, annonça le début de la fête. Au son des trompettes et des tambours avança un cortège de chevaliers costumés à l'antique. La foule placée sur des bancs en gradins put reconnaître Saint-Aignan. Puis apparut le roi. Monté sur un cheval – dont le harnais couleur feu éclatait d'or, d'argent, de pierreries –, il était revêtu d'une cuirasse de lames d'argent recouverte d'une broderie d'or et de diamants, et coiffé d'un casque de plumes d'autruche rouge vif. Derrière lui défila la fine fleur des nobles de la Cour, eux aussi parés de costumes multicolores.

Saint-Aignan, en plein accord avec le roi, avait choisi de représenter un passage du ***Roland furieux*** connu de tous. Les spectateurs reconnaissaient dans le cortège le chevalier Roger et ses compagnons prisonniers de la magicienne Alcine qui les avait ensorcelés. Ils attendaient de découvrir comment les nobles chevaliers seraient délivrés des sortilèges par la bague d'Angélique, l'amante de Roger. Quant aux familiers de la Cour, ils comprirent rapidement l'allusion à la vie intime du roi. Louis était bel et bien ensorcelé par sa

Roland furieux : poème italien de l'Arioste publié en 1516.

maîtresse du moment, la jeune Louise de La Vallière.

Le majestueux char d'Apollon, le dieu du Soleil, avança, conduit par le cocher du roi, qui, avec des ailes dans le dos et une faux à la main, personnifiait le Temps, encadré par les douze heures du jour et les douze signes du zodiaque. Et la féerie se poursuivit, alternant actes d'héroïsme des chevaliers et interventions magiques des divinités. Un **jeu de bagues** opposa ensuite les membres de la Cour.

À la nuit tombée, éclairée comme en plein jour par des dizaines de chandeliers et de flambeaux de cire blanche tenus par des serviteurs masqués, le musicien **Lulli** fit son apparition. Il précédait trente-quatre musiciens et le cortège des Quatre Saisons, des acteurs de la troupe de Molière juchés sur un cheval pour le Printemps, sur un éléphant pour l'Été, sur un chameau pour l'Automne, sur un ours pour l'Hiver. Ils ouvraient la marche à un char figurant une montagne couverte d'arbres. À son sommet Molière figurait Pan, le dieu des Troupeaux, et Madeleine Béjart Diane, déesse de la Chasse. Suivaient, costumés en faunes, une cinquantaine de personnes portant des plats chargés de victuailles. Ils s'arrêtèrent devant la reine. Pan, Diane et les Saisons lui déclamèrent des vers pendant que la table était dressée pour le repas des souverains.

Jeu de bagues : jeu qui consistait à enlever avec une lance, au galop d'un cheval, des anneaux suspendus à un poteau.

Lulli : musicien d'origine italienne (1632-1687).

Une semaine durant, promenades, festins, danse, poésie,

tournois, compétitions sportives, comédies, musique, concerts et même loterie, tous les moyens employés pour divertir les convives figuraient les stratagèmes utilisés par la magicienne Alcine pour retenir ses prisonniers. Au dernier jour, Roger et ses compagnons furent bien délivrés par la bague d'Angélique, et le palais de la magicienne Alcine fut englouti dans les eaux, au milieu des crépitations d'un gigantesque feu d'artifice.

Lorsque le roi et la Cour regagnèrent Fontainebleau, Versailles, encore entouré de champs et de marécages retrouva son calme. Mais son destin était scellé. Le décor de ses jardins avait servi à ce spectacle destiné à éblouir la Cour et servirait encore à bien des fêtes fastueuses et éphémères. Un autre décor allait y être planté, de pierre et de marbre cette fois. Car Louis savait que l'histoire mesure la grandeur des princes à la grandeur et à la magnificence des palais qu'ils édifient pendant leur vie. Ce palais serait à Versailles, destiné à pérenniser sa gloire pour les siècles à venir.

Colbert, devenu surintendant des Bâtiments du Roi, aidé par le peintre Charles Le Brun et l'architecte Claude Perrault, se mit au travail. Pour que Paris devienne la capitale mondiale des arts, à la place de Rome, il imagina d'enrôler au service du roi les artisans, les artistes, les savants les plus habiles, en leur versant des pensions régulières.

Pour leur permettre de perfectionner leur art et de créer des splendeurs pour Versailles et tous les autres palais du règne, il ouvrit des manufactures et des Académies de peinture, de danse, de musique, le plus souvent logées dans le château du Louvre qui accueillait également les très riches collections royales.

Rien n'était trop beau pour faire resplendir l'éclat du Roi-Soleil.

UN ROI SE DOIT D'ENCOURAGER ET DE PROTÉGER LES ARTISTES. **En échange, ils doivent chanter ses louanges, magnifier ses qualités et… cacher ses défauts. En enrôlant les plus grands artistes de son temps à son service, Louis XIV peut présenter à ses sujets, sous des formes multiples, l'image toujours flatteuse du « plus grand roi de l'univers ».**

La porte Saint-Denis, édifiée à Paris en 1672, célèbre les victoires de la guerre de Hollande

“ À l'heure dite, d'Artagnan, portant la livrée des mousquetaires du Roi, annonça le début de la fête. ”

À la gloire du roi
Les monuments (ci-dessus, la porte Saint-Denis), les sculptures, les tableaux, les médailles, les poèmes… sont autant de témoignages pour rappeler à chacun la grandeur du règne et le faire entrer dans la postérité.

Les fêtes royales
Être roi c'est aussi organiser de somptueuses fêtes éphémères, qui resteront néanmoins à jamais gravées dans les mémoires par l'abondance et le luxe des costumes, des décors, de la musique, des mets offerts aux invités.

Acteurs français et italiens

Louis XIV en Apollon

Le théâtre
Le théâtre est le genre de spectacle le plus prisé de l'époque, par tous les publics. Il suscite des débats passionnés, car il permet une grande liberté de ton. À la suite de Corneille, deux auteurs de génie, Molière et Racine, très proches du roi, s'illustrent l'un dans la comédie, l'autre dans la tragédie, des genres désormais codifiés et surveillés par la censure.

Le roi danse
Louis XIV est un bon musicien et un excellent danseur. Il n'hésite pas à se produire sur scène – la dernière fois en 1670 – dans des spectacles de ballet, d'opéra joignant danse, musique et poésie composés par le musicien Lulli. Son incontestable intérêt pour les arts satisfait en même temps un goût personnel et une nécessité politique.

La guerre de Hollande

En 1672, les armées de Louis avait déjà conquis de nombreuses places fortes et territoires au nord, arrachés à l'Espagne, et à l'est, pris au duc de Lorraine. Le roi s'attachait ainsi à la plus digne et à la plus agréable occupation des souverains : agrandir le royaume.

Le 5 avril, Louis s'assura une dernière fois en Conseil d'en haut des préparatifs de la guerre. C'était la première mission de Louvois, le fils de Michel Le Tellier, formé par son père à cette tâche compliquée.

– Messieurs, nous sommes en état de descendre par l'Escaut, la Meuse et le Rhin jusqu'à la mer du Nord. Nous ne pourrons souffrir plus longtemps que l'insolence et l'arrogance de cette république de protestants hollandais, cette nation de marchands de fromage, se dressent comme une barrière sur le chemin que nous a tracé la Providence !

Colbert renchérit :

– Si Votre Majesté soumettait toutes les Provinces-Unies, leur commerce devenant le commerce de vos sujets, il n'y aurait rien à désirer davantage pour la prospérité du royaume.

– Le sort en est donc jeté. Louvois, l'armée est-elle prête ?

– Sire, nous pouvons réunir 120 000 hommes en deux armées : l'une de 80 000 hommes commandée par Turenne, l'autre de 40 000 commandée par Condé.

– Et que nous disent nos espions sur l'armée hollandaise ?

– 80 000 hommes tout au plus, commandés par un jeune homme de vingt-deux ans sans grand talent, **Guillaume d'Orange**.

– Fort bien, et vous, Lionne, où en sont vos tractations ?

Le diplomate assura :

– Grâce aux millions que vous avez fait sortir de France, dont vous avez gratifié vos alliés, vous vous trouvez en état de vous faire craindre de vos ennemis. Ni l'Angleterre, ni la Suède, ni l'**Empereur** ne voleront au secours de la Hollande. Malgré tous leurs efforts, ils ne pourront s'écarter d'un seul pas du cercle étroit qu'il vous a plu de leur tracer.

Le roi sortit satisfait de la séance du conseil. Le lendemain, sans déclarer officiellement la guerre, il fit placarder un avis annonçant la campagne : « Le sujet de cette guerre est la mauvaise satisfaction que nous avons des **États-Généraux**. »

Le 22 mai, la plus puissante armée d'Europe s'ébranla vers le Rhin. À trente-quatre ans, le roi, hâlé et amaigri, prit un grand plaisir à diriger en personne la marche de son armée, rédigeant de sa main tous les ordres, passant sa journée à cheval, étudiant les cartes de géographie, s'inquiétant auprès de Louvois du ravitaillement de troupes aussi nombreuses. Il n'en oubliait pas moins l'étiquette et mettait chaque matin

Guillaume d'Orange : chef des armées hollandaises, puis roi de Hollande et d'Angleterre (1650-1702).
L'Empereur : souverain élu de l'Empire germanique.
États-Généraux : assemblée qui gouverne la République des Provinces-Unies.

beaucoup de temps à s'habiller. Prenant grand soin de sa toilette, il restait quelquefois une demi-heure devant le miroir à s'arranger la moustache avec de la cire. Pendant ce temps-là, la discussion allait bon train avec les officiers. Louis offrait ainsi le spectacle d'un souverain toujours vainqueur, méprisant le danger, à tous ceux, peintres, graveurs, poètes et littérateurs, qui l'accompagnaient, chargés de répandre cette image dans tout le royaume et au-delà.

Le matin du 11 juin, stationnant avec son armée sur la rive droite du Rhin, le roi fut informé qu'un soldat avait repéré un gué très mal gardé permettant de franchir le fleuve.

– Messieurs, nous franchirons le Rhin dès demain. Déjà en neuf jours, les six forteresses qui défendaient l'accès à la Hollande par l'est ont été enlevées. On ne pourra pas m'accuser d'avoir trompé l'attente de mes sujets.

Jean Racine, le grand auteur de tragédies devenu **historiographe**, présent au lever du roi ce jour-là, fit son compliment :

Jean Racine : grand auteur de tragédies (1639-1699).
Historiographe : personne chargée d'écrire l'histoire du règne.

– Sire, s'il est une chose très belle à voir, ce sont bien ces grands corps d'infanterie et de cavalerie marchant en si bon ordre, en bataillons et escadrons égaux, à distance égale, comme les compartiments d'un parterre.

Un autre courtisan ajouta :

– Nous n'avons plus qu'à prier Dieu de vous garder en

vie, pour le reste, votre volonté sera la seule règle de votre pouvoir.

L'ivresse de la conquête et d'une guerre facile gagnait le roi, les courtisans et les officiers.

Le 12 juin au petit matin, on commença à construire un pont de bateaux, tandis que des cavaliers s'engageaient dans le fleuve sous le feu de l'infanterie hollandaise. Les canons français réussirent à interrompre la fusillade. Le passage dégagé, soucieux de plaire au roi, quelques cavaliers se jetèrent sur les Hollandais.

– Point de quartier pour cette canaille !

Mais loin de se débander, les Hollandais firent feu. Un capitaine se jeta sur Condé. Le général réussit à détourner le coup de pistolet, mais, dans l'action, eut le poignet gauche fracturé. Il eut plus de chance que son neveu, M. de Longueville, qui fut tué net. Aucun soldat hollandais n'échappa à la rage des Français : toute leur petite troupe fut massacrée.

Le roi passa le fleuve sur le pont qu'on avait achevé. Il consacra une demi-heure à garder la pose pour faciliter le travail des peintres Le Brun et Van der Meulen, puis surveilla le passage du reste de l'armée. Condé pensait qu'il fallait exploiter l'avantage et se ruer vers Amsterdam, mais Turenne, Louvois et Louis étaient plus prudents. Mal leur en prit ! Les Hollandais, dans un héroïque mouvement de résistance face à ce redoutable ennemi, rompirent les

digues, et pendant trois jours, les eaux se répandirent sur la plaine. Amsterdam était devenue une île imprenable. Les Français ne purent assiéger que les quelques places qui n'étaient pas englouties par les eaux et les marées. Aucune n'étant assez importante pour mériter la présence du roi, et la campagne s'achevant, Louis regagna la Cour.

Pour la campagne de l'année suivante, tout fut prévu pour illustrer la gloire du roi. Turenne resterait à l'est, Condé en Hollande, tandis que Louis irait, en compagnie de Vauban, assiéger les forteresses espagnoles de Flandre. Le choix se porta sur Maastricht. Louis décida d'inviter la Cour à un nouveau genre de spectacle : le roi menant un siège victorieux. Juchée sur une colline, la reine, Mme de Montespan, la nouvelle maîtresse en titre, et leurs suivantes purent vérifier à la lunette la vérité du dicton : « Ville assiégée par Vauban, ville prise. »

Le roi se chargea en personne d'expliquer les opérations aux dames :

– La cavalerie que vous devinez au loin est chargée d'arrêter tout ravitaillement de la ville. Devant nous, les tranchées empêchent les ennemis de sortir, on les a creusées en zigzag de façon à les dérober au feu de l'ennemi.

– Mais à quoi servent les tranchées qui se trouvent derrière nous ?

– Nos ennemis pourraient envoyer une armée secourir

les assiégés. Il nous faut protéger notre camp et arrêter une attaque de revers.

– Mais nos boulets ont l'air de manquer leur cible ?

– Pour atteindre un point de la fortification, mieux vaut diriger le tir sur un autre point, en calculant l'angle du ricochet. Le boulet a ainsi en rebondissant plus de force.

– Que font tous ces ouvriers, ce ne sont pas des soldats ?

– Ils ont creusé les tranchées et préparé des **gabions**, des **fascines**, des **barriques** pour les protéger des tirs et les rendre aussi sûres que si l'on était chez soi, et puis il y a tous ceux qui creusent des sapes pour déposer des explosifs sous les murs de la ville.

Gabion : cylindre de branchage rempli de terre.
Fascine : fagot serré.
Barrique : tonneau de grande taille.

Le 1er juillet, le canon se mit à tonner plus fort, c'était l'assaut final. Malgré la distance, un vacarme assourdissant se fit entendre. Une partie de la muraille de Maastricht venait de s'effondrer. Aussitôt des centaines de soldats sortirent des tranchées et se ruèrent vers la brèche ouverte. Suivit une mêlée confuse, puis un grand silence. On entendit distinctement un son de trompette.

Le roi expliqua la scène à ses hôtes :

– C'est la chamade, le gouverneur de la ville vient de capituler.

Une ordonnance lui apporta un pli.

– Mesdames, on me dit que d'Artagnan vient d'être tué

d'une balle dans la gorge, que Dieu lui rende tous les services qu'il m'a rendus.

Il poursuivit :

– Vauban a appliqué ce que j'ai cru le meilleur. Ma peine a bien été récompensée. Mesdames, nous avons grand faim, allons souper.

La guerre dura encore cinq ans. L'opiniâtre résistance hollandaise avait ruiné les efforts de Lionne : la France eut à se battre contre toute l'Europe, ou presque, coalisée contre elle.

En 1678, l'Hôtel de Ville de Paris décerna au roi le titre de Louis le Grand, car le traité de Nimègue permettait à Louis d'ajouter à son royaume Dunkerque, la Franche-Comté et la moitié de la Flandre espagnole. Vauban fut chargé, sur ordre du roi et de Louvois, de consolider ces nouvelles frontières par une **ceinture de fer**. Sa légende s'enrichit d'un nouveau dicton : « Ville défendue par Vauban, ville imprenable. »

Mais la Hollande, que Louis avait cru pouvoir anéantir, restait intacte, et le **stathouder** Guillaume d'Orange devint son ennemi le plus résolu.

Ceinture de fer : ou pré carré, c'est-à-dire une double ligne de places fortes pour protéger Paris.
Stathouder : chef des armées hollandaises.

<u>Faire la guerre,</u> **pour le Roi-Soleil, c'est montrer sa force, chercher la gloire, avec l'ambition de régner sur l'univers. Il lui faut pour cela construire un État capable de mobiliser toutes les ressources humaines et matérielles du royaume, quel qu'en soit le prix.**

Le roi sur le champ de bataille
Louis XIV fut présent sur les champs de bataille jusqu'en 1693. Il s'y montre, et y est représenté, comme l'acteur principal du spectacle de la guerre.

Louis XIV couronné par la Victoire

Louis XIV en vainqueur
La victoire confirme les talents militaires du souverain, elle est aussi le signe de la bénédiction divine.

Les sacrifices de la population
Les sujets du roi peinent à payer le prix démesuré de guerres successives qui réclament sans cesse plus d'hommes, de canons, de matériel et d'argent.

Louis XIV dans la tranchée au siège de Tournai, le 21 juin 1667

Plan de Tournai avec ses fortifications

Les fortifications de Vauban
En construisant sur les frontières terrestres et maritimes des dizaines de places fortes puissamment défendues, l'ingénieur Vauban entoure le « pré carré » – la France – d'une « ceinture de fer ». Le roi peut ainsi se présenter comme le protecteur de ses sujets.

Une guerre de sièges
La puissance de feu étant déterminante, l'artillerie devient l'arme principale dans la conquête de nouveaux territoires, qui consiste essentiellement à assiéger des villes et à les forcer à se rendre.

« Pour la campagne de l'année suivante, tout fut prévu pour illustrer la gloire du roi... »

Explosion d'une mine

S'enrichir grâce à la guerre
La guerre est financée par un système de prélèvement d'impôts aux mains de financiers privés alliés à la grande noblesse. Ceux-ci amassent ainsi des fortunes considérables, au détriment du budget de l'État.

Une journée à Versailles

Au château de Versailles, le 11 octobre 1683.

Cela faisait deux ans que la Cour était installée à Versailles. À quarante-six ans, Louis, grossi, les traits alourdis, y offrait à tous le spectacle de la vie du souverain. Son emploi du temps était réglé comme du papier à musique, il ne variait jamais : toujours les mêmes plaisirs, toujours aux mêmes heures, toujours avec les mêmes gens. Cependant, le château était encore un immense chantier, loin d'être achevé. C'était en permanence un tumulte de chevaux, de laquais, d'ouvriers, de prêtres, de courtisans...

Vers six heures du matin, les gardes ouvrirent les premières grilles du château tandis que l'aube se levait. Dans la pénombre, on pouvait déjà distinguer le bleu des ardoises du toit et le rose des colonnes de marbre. Une petite foule silencieuse de laquais se pressant pour prendre leur service et de boutiquiers qui installaient leur étal en y

disposant bougies et bouquets de fleurs commença à pénétrer dans la cour d'honneur. Un boutiquier héla un visiteur qui venait de franchir la grille :

– Hé, vous ! Où croyez-vous aller ainsi ? Jeune homme, il vous faut une épée et un chapeau, sinon les gardes vous refouleront. J'ai ce qu'il vous faut, pour deux sols la journée.

Le visiteur paya et ajusta l'épée à son côté. Il passa la seconde grille, approcha d'une cour pavée de marbre noir et blanc. Un garde l'arrêta :

– On ne passe pas, vous pourriez troubler le sommeil du roi !

Il rebroussa chemin et se dirigea vers l'entrée du châ-

teau, en suivant le mouvement des nouveaux arrivants. Maintenant, la foule des courtisans était dense. Les hommes, en perruque, portaient des vestes brodées de dentelles, et pour certains de pierres précieuses, leurs chaussures étaient à boucles et à talons rouges. Ils tenaient leur chapeau sous le bras et l'épée au côté.

Dans l'appartement, après avoir traversé une enfilade de salons, la foule chuchotante était arrivée à proximité immédiate de la chambre du roi. Les courtisans attendaient que les horloges marquent huit heures et demie, l'heure du petit lever. Quelques instants plus tard, ce serait le grand lever, auquel certains d'entre eux seraient admis.

Après une attente qui parut interminable, un homme à l'habit très richement décoré sortit de l'antichambre, glissa quelques mots à l'oreille de l'huissier et s'en retourna. C'était le duc de La Rochefoucauld, grand maître de la **Garde-Robe** et **grand veneur**, qui était en permanence en compagnie du roi. L'huissier s'avança et désigna trois courtisans dans la foule inquiète. Ils pénétrèrent dans l'antichambre sous les regards envieux. La porte à peine refermée, les commentaires allèrent bon train.

Garde-Robe : ensemble des habits portés par le roi.
Grand veneur : organisateur des chasses du roi.

– C'est M. de*** qui aura l'honneur de lui enfiler sa chasuble.

– Quelle tête a faite M. de*** ! Comment a-t-il pris sa disgrâce ?

– C'est quelqu'un que l'on voit rarement à la Cour.

– Il ne veut donc pas servir ?

– Ou alors veut-il se soustraire aux regards ?

– Quelle arrogance, il estime ne rien avoir à demander…

En ces lieux, tout était cérémonie, et chaque détail de cette cérémonie était la marque d'une faveur.

La matinée s'écoula suivant le rythme immuable de la Cour : à l'audience privée succéda la messe entre dix et onze heures.

La chapelle était trop petite pour accueillir tout le monde. Les visiteurs, pour patienter, pouvaient explorer à leur guise presque toutes les pièces du château, mais ils préféraient le plus souvent demeurer dans la galerie des Glaces. Louis avait voulu en faire une merveille et il y était parvenu. On pouvait y contempler les murs de marbre **polychrome**, le parquet blond, les bronzes dorés, les miroirs, les lustres aux dizaines de bougies et la voûte décorée de scènes illustrant les victoires du roi sur les champs de bataille.

Vers onze heures, Louis sortit de la chapelle et un cortège se reforma aussitôt à sa suite. Les femmes étaient maintenant présentes en nombre dans la foule. Elles portaient de grands habits corsetés et munis de pointes. Leur visage était abondamment fardé : du blanc jusqu'au décolleté, du bleu pour souligner les veines, du noir sur les yeux, du rouge sur les joues et les lèvres ; l'ensemble agrémenté de **mouches** de taffetas noir pour faire ressortir la blancheur de la peau. Toutes souhaitaient voir si le roi avait fini de porter le deuil de la reine Marie-Thérèse, morte le 30 juillet précédent. Le mot de Louis avait fait en un instant le tour de la Cour : « Sa mort est le premier chagrin qu'elle me donnât jamais. » Et la grande affaire du jour était le mariage secret du roi avec Mme de Maintenon, sa maîtresse. Chacune voulait savoir s'il avait bien eu lieu.

La foule suivit le roi vers son appartement, où se tenait le conseil, mais seul Louis y pénétra.

Deux heures plus tard, peu avant treize heures, une file

Polychrome : de différentes couleurs.
Mouche : petite pièce de tissu collée sur la joue pour figurer un grain de beauté.

de gardes et d'officiers, encadrant des laquais chargés de plats recouverts de victuailles, se pressa vers l'appartement, suivie d'une petite troupe de musiciens essoufflés, leur violon à la main. C'était le moment du dîner au petit couvert.

À la fin du dîner, le roi parut enfin. Cette fois, on pouvait distinguer ses traits impassibles. Louis affectait de ne regarder personne, mais il avait l'œil perspicace, connaissait l'intime de chacun, et une fois qu'il avait vu un homme ou entendu parler de lui, il s'en souvenait toujours. Il arrivait peu d'événements dont il ne soit informé grâce à un efficace réseau d'espions et ainsi y avait-il peu de personnes dont il ne savait les noms et les habitudes.

À la Cour, tous les regards convergeaient vers lui et lui tenait toute la Cour sous son regard.

Après en avoir reçu l'autorisation du capitaine des gardes, deux courtisans s'approchèrent du roi pour obtenir de lui parler en tête à tête. Quelqu'un dans l'assistance commenta :

– Le roi n'a jamais dit une parole fâcheuse à un gentilhomme, et cependant, observez ces deux-là, les plus hardis tremblent en lui parlant !

Croisant le regard du premier, Louis assura d'une voix forte :

– Je ne le connais pas !

Dépité, l'homme tourna les talons et fendit la foule qui

l'ignorait déjà. Puis Louis inclina légèrement la tête vers le second. Il entra dans le cabinet de la salle du conseil suivi du solliciteur. Lorsque celui-ci ressortit de la pièce, tout le monde se pressa autour de lui.

– Sa Majesté m'a dit : « Je verrai. » Je crois, messieurs, que je viens d'obtenir un **justaucorps à brevet**. Si désormais vous voulez parler au roi et à ses ministres, vous pourrez vous adresser à moi.

Justaucorps à brevet : cet habit est un grand privilège, il permet de suivre le roi dans ses voyages et à la chasse sans avoir besoin de solliciter d'autorisation.

Entre quinze heures et dix-huit heures, le roi partit pour la chasse, sa plus grande passion. Ceux qui souhaitaient assister à son départ durent affronter les dangers du parc en pleins travaux, enjamber les madriers, contourner les sacs de sable, éviter de se faire bousculer par les terrassiers, pour enfin arriver sur l'immense terrasse. Là, l'œil se portait à perte de vue sur un magnifique spectacle. Les arbres au feuillage mordoré par l'automne faisaient comme des murs, des statues dorées surgissaient comme par magie d'immenses bassins, des dizaines de bateaux de toute taille se balançaient sur un grand canal qui paraissait aussi large que la Seine.

Au moment du grand couvert, le public était nombreux à se presser, debout dans l'antichambre de l'appartement où les dames assises sur des pliants patientaient autour d'une table. Vers vingt-deux heures, le roi parut enfin et prit place sur sa chaise. Le ballet des laquais commença. À quatre reprises, la table fut couverte de mets : potages et entrées, rôts et salades, entremets puis fruits. À chaque fois, plus de dix plats en argent disposés sur trois rangs devant des assiettes en or. Le roi restait silencieux, et la salle avec lui. De temps à autre, Louis faisait un signe et un gentilhomme criait :

– À boire pour le roi !

Louis engloutit quatre assiettes de différentes soupes, un faisan tout entier, une perdrix, une grande assiette de salade, du mouton coupé dans son jus à l'ail, deux bons morceaux de jambon, et dévora une assiette pleine de pâtisseries, des fruits et des confitures. Puis il se leva enfin, et toute l'assemblée quitta la pièce.

Il n'était pas encore temps pour le roi de regagner sa chambre. Il prit galamment congé des dames et partit vers les appartements de Mme de Maintenon pour y faire la conversation. À vingt-trois heures trente vint l'heure du grand coucher. Il rentra dans son appartement et, après avoir prié, se déshabilla devant les courtisans. Comme tous les soirs, ils s'étaient disputé l'honneur de tenir le bougeoir. Il y avait encore une trentaine de personnes, familiers et domestiques, pour le petit coucher, quand le roi se retira dans son alcôve.

En 1677, le roi choisit Versailles pour faire de l'immense château le symbole de la monarchie absolue, en y réunissant le siège du gouvernement, la résidence du souverain, un monument construit à sa gloire, et une scène où il se donne en spectacle devant la Cour qui s'y installe en 1682.

La cour de marbre

La chambre du roi

« Louis affectait de ne regarder personne, mais il avait l'œil perspicace, et une fois qu'il avait vu un homme ou entendu parler de lui, il s'en souvenait toujours. »

La vie à la Cour
Les membres de la Cour résident à Versailles – en ville ou au château. Ils sont tenus d'observer les règles très strictes de l'étiquette qui règlent tous les moments de la vie du château. Les faits, les gestes et les pensées des courtisans sont espionnés par les agents du roi qui peut ainsi avoir une idée précise des jugements que l'on porte sur lui.

Courtisans en promenade

Les courtisans
Témoins attentifs de la vie du roi, y compris dans son intimité, les courtisans reçoivent en échange faveurs et gratifications.

Le château
Interminable chantier, de 1661 à 1712, le projet initial du château a pourtant été respecté. La chambre du roi en est le centre. De là, le roi voit tout et il est vu de tous.

Le château de Versailles en 1668

Louis XIV reçoit l'ambassadeur de Perse

Les réceptions officielles
Recevoir des ambassadeurs dans le luxe inouï du château, véritable concentration d'œuvres d'art, permet de porter la gloire du roi bien au-delà des frontières du royaume.

Les jardins
À Versailles, les jardins de Le Nôtre offrent en spectacle à tous les visiteurs une nature ordonnée et disciplinée.

Grille du château ornée du symbole du soleil

Les symboles du roi
Les artistes empruntent les symboles chargés de représenter la gloire du roi à la tradition (fleur de lys), à la mythologie (Louis est représenté en Apollon, dieu du Soleil), à l'astronomie (les saisons, les planètes)...

Sa Majesté Très Chrétienne

En une fin de matinée pluvieuse de novembre 1685, un jeune homme à l'air épuisé poussa la porte d'un libraire d'Amsterdam. Le libraire le regarda d'un air soupçonneux.

– Que puis-je pour vous ?

– J'ai rendez-vous.

Le libraire le fit passer dans l'arrière-boutique. Un homme y était assis, attablé devant une pile de livres.

– Pasteur Jurieu ?

– Qui le demande ?

– Je viens de **Poitiers**, et je cherche asile.

– Asseyez-vous, ici, vous n'avez plus rien à craindre. Racontez-moi votre histoire, vous m'avez l'air bien jeune !

– Voici trois ans, l'intendant Marillac a obligé mes parents à loger des **dragons** à leurs frais pour les pousser à abjurer leur religion. Vous pouvez imaginer les humiliations et les brutalités qu'ils

Poitiers : ville au cœur d'une grande région protestante.
Dragon : soldat de cavalerie.

ont subies. J'ai vu ces mêmes soldats organiser des conversions collectives forcées. Notre famille a été écrasée d'impôts, tandis que les nouveaux convertis en étaient exemptés. Quant à moi, j'ai été chassé de la faculté de médecine, de toute façon il nous est interdit d'exercer cette profession. Mon père et ma mère m'ont supplié de les abandonner et de prendre le chemin de l'exil. Grâce à un passeur, j'ai pu quitter notre cruelle patrie et échapper à la rage des soldats. Je cherche désormais un refuge où j'aurai la liberté de servir Dieu comme Il me le demande.

– Mon jeune ami, vous êtes parti à temps, mais vous encourez désormais la peine des galères pour avoir quitté le royaume. Le roi vient de signer un **édit**, daté du 17 octobre 1685, qui ordonne la démolition des temples, la fermeture des écoles protestantes, le baptême obligatoire pour tous les enfants, l'exil de tous les **pasteurs** qui refuseraient de se convertir, et l'interdiction à tous les autres protestants de quitter le royaume, sous peine d'être envoyés aux galères. Je pense que vous ne reverrez ni vos parents ni votre patrie, à moins d'un miracle… Le roi se sent désormais capable d'extirper le protestantisme de toute l'Europe, comme il pense l'avoir fait en France.

À ces mots, le jeune homme parut abattu. Le pasteur le consola :

– Les pays protestants seront votre **Refuge**. Vous pourrez vous établir…

Édit : il s'agit de l'édit (loi promulguée par le roi) de Fontainebleau.
Pasteurs : ministres des communautés protestantes.
Refuge : tous les pays où sont réfugiés les protestants.

– J'ai pensé à Londres...

– L'Angleterre n'est plus si sûre, on dit que Jacques II qui vient de succéder à son frère au mois de février est près de rétablir le catholicisme dans son royaume. Pourquoi ne pas rester ici, en Hollande, ou bien vous rendre en pays d'Empire ? Vous y serez en bonne compagnie : nous serions, dit-on, déjà près de deux cent mille. Et il nous reste l'arme de l'écriture ! Regardez tous ces livres, nous allons les expédier en contrebande dans le royaume.

Le pasteur poursuivit d'un ton exalté :

– Puisque Louis se prétend Roi Très Chrétien, que n'a-t-il, il y a deux ans, défendu la ville de Vienne assiégée par les Turcs au lieu de s'en prendre à nous ! Aujourd'hui, c'est à l'empereur Léopold et au roi de Pologne que revient le prestige d'avoir repoussé l'envahisseur. Ce Louis est l'**Antéchrist** qui persécute l'Église. Comment ne pas être scandalisé de le voir se comporter en Turc lui-même et en cannibale ? Il nous rapproche à grands pas de l'Apocalypse et du Jugement dernier !

Antéchrist : selon le Nouveau Testament, adversaire du Christ qui surgira à la fin du monde.

Au même moment, dans la chapelle de Versailles, toute décorée de blanc, d'or et d'argent, retentissaient les derniers accents du concert de voix, de violons, de hautbois et de flûtes dirigé par Michel Richard Delalande, le maître de chapelle. Sous le regard des dames de la Cour massées

dans les tribunes latérales, éclairé par des centaines de chandelles, le roi, agenouillé seul face à l'autel, achevait de réciter son **chapelet** avec une visible ferveur.

Sa mère et ses différents confesseurs lui avaient donné dès son plus jeune âge des habitudes pieuses. Il écoutait avec attention les plus longs sermons. Il exigeait de la Cour une bonne tenue à la chapelle et l'apparence au moins de la dévotion. Avec le temps, la foi catholique de Louis semblait devenir plus profonde, sous l'influence de son confesseur, le père **La Chaise**, et de Mme de Maintenon, son épouse secrète, qui considérait comme une voca-

Chapelet : collier de grains que l'on fait glisser un à un entre ses doigts en récitant une prière.
La Chaise : prêtre jésuite qui a donné son nom à un cimetière parisien.

tion merveilleuse de guider le roi dans le service de Dieu.

La messe quotidienne s'achevait. Le silence fut troublé par les courtisans quittant la nef précipitamment pour assister au retour du roi dans ses appartements.

Ils furent déçus, cette fois. Louis, qui avait remis ses gants et son chapeau, ne s'attarda guère au salon de l'Abondance, ni au cabinet des Curiosités. Il rentra dans ses appartements pour son Conseil de conscience, qu'il tenait tous les vendredis avec Bossuet et son confesseur. À cinquante-huit ans, Jacques Bénigne Bossuet était encore l'un des orateurs les plus brillants de l'époque, animé par une foi ardente et une fidélité sans faille à la monarchie.

Le roi l'avait récompensé en le faisant précepteur du dauphin, évêque de Condom et, quatre ans plus tôt, évêque de Meaux, l'un des évêchés les plus riches du royaume.

Louis questionna les ecclésiastiques :

– Le moment n'était-il pas venu de réunir à l'Église ceux qui s'en étaient si facilement éloignés ? Louvois nous avait convaincu de faire une douce et utile violence à cette portion de nos sujets. Dieu sera-t-il content de nous ?

– C'est le digne ouvrage de votre règne, par vous l'hérésie n'est plus. D'ailleurs, la meilleure et la plus grande partie des sujets de la **RPR** se sont déjà convertis.

RPR : pour les catholiques, les protestants sont fidèles à la « religion prétendue réformée ».

– Nos intendants envoyés dans les provinces nous le disent en effet, depuis déjà deux années, je ne cesse de recevoir des annonces de conversion. Mais d'autres nous assurent que ces conversions ne sont pas sincères.

– Dieu se sert de toutes les voies pour ramener à lui les hérétiques !

– Vous avez raison, leurs enfants seront du moins catholiques, si les pères sont hypocrites…

– Voilà que le pape ose nous menacer et nous parler en maître, et prétend nous empêcher de nommer nos évêques. Bossuet, vous dirigez l'assemblée du clergé. Prend-elle aussi parti contre nous ?

– Non, Sire, nous sommes si liés à Votre Majesté que rien n'est capable de nous en séparer. On ne doit pas s'arrêter à ces considérations, pour le bien du royaume. Le pape n'a reçu la puissance de Dieu que sur les choses spirituelles qui concernent le salut des âmes. Les rois et les princes, qui sont nés pour posséder tout et commander à tout, ne doivent être assujettis qu'à Dieu et à la renommée.

Louis ne comprenait guère en quoi les connaissances et les disputes religieuses étaient nécessaires au salut des âmes. Pour lui, seule l'Église de France avait le pouvoir d'imposer à ses sujets la discipline propre à leur **obtenir le salut**. Il y avait suffisamment d'églises à embellir, de mendiants et de malades à assister, de **libertins** et de sorcières à excommunier... Il craignait que sous prétexte de servir Dieu, on en vienne à contester son autorité, à fomenter des désordres, et même à organiser des complots.

Il avait tour à tour pourchassé les dévots de la Compagnie du Saint-Sacrement et, pendant tout son règne, les **jansénistes**. Il avait fait enfermer une poignée de sœurs dans leur monastère de Port-Royal parce qu'elles refusaient de se plier à ses volontés. Elles qui se voulaient pures comme des anges étaient en fait, selon lui, orgueilleuses comme des démons.

L'affaire des Poisons qui avait éclaté en 1679 lui avait révélé des réseaux secrets, des officines de

Obtenir le salut : se comporter comme Dieu le souhaite permet de gagner le paradis après la mort.
Libertins : qui ne croient pas en Dieu.
Jansénistes : religieux et laïcs qui refusent toute autorité qui ne vient pas des Écritures.

poison, de mort, de complot touchant jusqu'à la Cour. Il avait donc condamné en 1682 l'astrologie, les devins, les magiciens, et les enchanteurs, non parce qu'ils étaient des illusionnistes qui pervertissaient les crédules mais parce qu'il craignait le pouvoir occulte des menteurs sur ses sujets.

Rien ne devait empêcher le roi d'accomplir la volonté divine, dont il se sentait le seul interprète.

L'Édit de Nantes promulgué en 1598 par Henri IV, grand-père de Louis XIV, permettait aux protestants de vivre en paix dans un royaume catholique. Mais un monarque absolu ne pouvait tolérer que ses sujets n'aient pas tous la même religion : c'est l'explication de sa révocation en 1685 par l'Édit de Fontainebleau.

Sorcière sur le bûcher

Les hérétiques au bûcher
Depuis le XVIe siècle, les conflits n'avaient pas cessé entre les protestants et les catholiques qui accentuaient leurs différences respectives dans la façon de célébrer le même Dieu. Dans chaque camp, ceux qui ne partageaient pas la foi commune étaient exclus, punis et parfois encore brûlés vifs.

« Avec le temps, la foi catholique de Louis semblait devenir plus profonde. »

Un dragon fait signer sa conversion à un hérétique

Une « dragonnade »
En 1685, le roi put affirmer qu'il n'y avait presque plus de fidèles de la « Religion Prétendument Réformée » dans son royaume. Mais depuis vingt ans, des soldats, les dragons, forçaient les protestants à se convertir au catholicisme.

La réaction catholique
Face au protestantisme, l'Église catholique a réagi. L'autorité du pape est accrue, les bâtiments religieux se multiplient, l'enseignement est renforcé, la foi se manifeste par des processions et le culte des saints.

Procession catholique de la Fête-Dieu

Les religieuses jansénistes de Port-Royal
Louis XIV s'efforça constamment de réduire au silence les jansénistes, profondément catholiques, mais hostiles à son pouvoir absolu et à ceux qui le soutenaient dans l'Église.

Interrogation des religieuses de Port-Royal

Bossuet

Jacques Bénigne Bossuet (Dijon 1627 – Paris 1704)
Évêque de Meaux depuis 1681, théologien et prédicateur brillant, il affirma que le projet de la monarchie absolue était conforme à la volonté de Dieu, tout en soutenant le gallicanisme, c'est-à-dire les prétentions du roi à gouverner seul l'Église de France, y compris contre le pape.

Le royaume en danger

Le 28 juin 1693, un carrosse ramenait le roi à Versailles. Il quittait la Flandre et le champ de bataille. En ce début d'été, il faisait étonnamment froid, comme si le soleil était affaibli et presque éteint. À cinquante-quatre ans, sans être un **barbon**, Louis n'avait plus la vivacité de sa jeunesse. Il gardait néanmoins un corps suffisamment robuste pour lui permettre de supporter de douloureuses crises de **goutte**. Chaque cahot du chemin lui faisait mal, mais il avait, comme toujours, une unique obsession : conserver sa dignité.

Barbon : vieillard.
Goutte : maladie qui paralyse les articulations.

Il revoyait la stupeur de ses officiers, quelques jours auparavant, quand il leur avait annoncé sa décision de retourner à la Cour un mois après l'avoir quittée. Au maréchal de Luxembourg qui le suppliait à genoux de rester, il avait répliqué :

– L'intérêt de notre État nous commande de ne plus paraître à la tête de nos armées !

C'était sa quarante-troisième campagne. Il s'éloignait des combats, des régiments enfoncés, des escadrons défaits, des bataillons rompus, des têtes et des bras emportés, du bruit effroyable des trompettes, des tambours et des canons, des voix confuses de ceux qui se battent, qui s'exhortent, qui s'appellent et qui se plaignent… L'hôtel des Invalides construit à Paris pour accueillir les soldats blessés ou estropiés à la guerre ou vieillis dans le service semblait déjà presque trop petit. Pourtant, la mort de Louvois, deux ans auparavant, l'obligeait à coordonner en personne une **stratégie de cabinet**.

Stratégie de cabinet : le fait de diriger les mouvements de l'armée et les combats depuis son bureau.

Le royaume était en guerre, une guerre provoquée une nouvelle fois par lui-même. Bien qu'il eût signé la paix, il n'avait eu de cesse d'annexer une bonne partie de la Lorraine et de la rive gauche du Rhin.

Il revoyait en pensée sa victoire à Strasbourg en octobre 1681. La ville assiégée par surprise, les bourgeois apeurés cherchant à négocier avec Louvois, mais à qui l'on impose de capituler ; et puis son entrée triomphale dans un carrosse doré traîné par huit chevaux, les cloches battant à toute volée, les salves de trois cents canons, et, pour finir, la messe dite dans la cathédrale rendue à la religion catholique. Strasbourg s'inscrivait désormais

dans la longue liste des villes réunies à la Couronne. Mais les provocations incessantes de Louis avaient fini par enfermer la France dans un cercle d'ennemis. Le royaume devait résister à toutes les puissances occidentales liguées contre lui dans la **ligue d'Augsbourg**.

Les abords du château de Versailles que le cortège atteignit en fin d'après-midi semblaient étrangement calmes en ce début d'été. Le long de la majestueuse avenue menant au château, beaucoup d'échafaudages, de bâtiments à demi construits, comme désertés par les ouvriers. Les écuries, d'ordinaire si animées et bruyantes, étaient presque silencieuses. Le magnifique cortège franchit la grille et vint s'immobiliser devant la cour d'honneur, sous le regard des courtisans.

Un laquais s'approcha du carrosse, poussant un fauteuil roulant. Le roi y prit place et traversa le château jusqu'à son appartement. La plupart des pièces avaient été vidées d'une partie de leur mobilier. Trois ans auparavant, une petite armée d'ouvriers avait démonté et emporté à l'hôtel des Monnaies le mobilier et la vaisselle en or et en argent. Des dizaines de meubles, tables, guéridons, coffres, fauteuils, sièges, tabourets, garnitures de cheminée, torchères, **girandoles**… puis les flacons, plats, assiettes, gobelets… tout avait été fondu en pièces de monnaie.

Ligue d'Augsbourg : alliance de différents pays européens contre Louis XIV.

Girandole : chandelier à plusieurs branches.

La nouvelle du retour du roi fit affluer vers le château des dizaines, puis des centaines de femmes, d'hommes et d'enfants faméliques que les soldats contenaient à grand-peine derrière les grilles. Il y avait là des paysans réfugiés, des malades refusés par des hôpitaux encombrés, des mendiants nourris à la porte des couvents et des monastères, des ouvriers sans ouvrage.

Des cris s'élevaient de la foule :

– Du pain, du pain !

– On ne trouve plus de travail !

– Vous nous prenez nos hommes pour en faire des soldats, comment pouvons-nous nourrir nos enfants ?

– Nous n'avons même plus de quoi enterrer nos morts !

Même si ce spectacle de la misère et de la douleur ne pouvait parvenir jusqu'au roi et ses ministres, tous avaient connaissance des rapports des intendants. Ils savaient la succession de mauvaises récoltes et l'incroyable hausse du prix des céréales, les hommes mangeant de la terre, des écorces et des haillons, les tentatives pour faire du pain avec des racines, des coquilles de noix écrasées, des trognons de chou – un pain qui rendait si faible qu'on ne pouvait plus tenir sur ses jambes – et les ravages de la maladie sur les corps affaiblis. Ils connaissaient les attaques désespérées des convois de grains réprimées à grand-peine.

Comme à son habitude, Louis restait impassible et silencieux. Ses espions lui avaient apporté une lettre de **Fénelon**, que celui-ci n'avait pas osé lui adresser directement :

Fénelon : archevêque de Cambrai. Il a été nommé précepteur du petit-fils de Louis, le duc de Bourgogne.

« Vos peuples, que vous devriez aimer comme vos enfants et qui ont été jusqu'ici si passionnés pour vous, meurent de faim... La France entière n'est plus qu'un grand hôpital désolé et sans provisions. »

Louis ne pouvait cacher tout à fait une certaine mélancolie : son désir de gloire n'était-il pas en train de ruiner la prospérité de son royaume ?

Briser le monopole
des Espagnols et des Portugais dans le commerce avec l'Asie et surtout l'Amérique, tel est le programme que se fixent les nouvelles puissances européennes. L'enrichissement né de ce commerce contraste avec la pauvreté du reste de la population.

Le port de Bordeaux

Les compagnies
Des compagnies par actions souscrites par des marchands et de riches nobles obtiennent le monopole du commerce, protégé par la marine de guerre.

Assiette de la Compagnie des Indes

Les ports de commerce
Les ports du littoral atlantique bénéficient tous du « commerce triangulaire ». Les bateaux partent pour l'Afrique échanger des marchandises contre des esclaves qui sont ensuite vendus en Amérique. Ils reviennent chargés de tabac, de sucre et de métaux précieux en provenance du Nouveau Monde.

L'esclavage dans le Nouveau Monde
Autorisé et justifié par le Code noir de 1685, il permet de produire des richesses minières et agricoles.

« Vos peuples, que vous devriez aimer comme vos enfants, meurent de faim... »

Distribution de nourriture aux indigents

Gravure portant le titre : **Le noble est l'araignée et le paysan, la mouche.**

La misère
La majorité de la population paysanne parvient tout juste à survivre. En cas d'accident climatique (froid, sécheresse ou pluies trop abondantes) surgissent la famine et une effrayante mortalité, comme en 1694 et en 1709.

Les impôts
Les multiples taxes et impôts exigés des paysans sont l'une des causes principales de leur misère.

La guerre de la Succession d'Espagne

Le 16 novembre 1700, le carrosse du marquis Castel dos Rios, ambassadeur d'Espagne, franchit les grilles du château de Versailles. Le carrosse arrêté, un laquais sauta à terre, ouvrit la portière et déplia le marchepied. Le marquis se rendit à pied dans la salle des Ambassadeurs, et attendit patiemment l'heure de son audience avec le roi.

Une semaine plus tôt, le roi avait annulé la chasse prévue pour l'après-midi et convoqué les ministres pour tenir conseil dans l'appartement de Mme de Maintenon. Il venait d'apprendre la nouvelle de la mort de Charles II, le roi d'Espagne. Ce dernier n'avait pas d'héritier, mais sa succession était considérable : l'Espagne, une grande partie de l'Italie, les Pays-Bas catholiques, l'Amérique, et, en Asie, les Philippines… de quoi aiguiser les appétits de ses rivaux !

Depuis deux ans, les négociations entre les diplomates de France, d'Angleterre, de Hollande et de l'Empire avaient abouti à un accord de partage de la succession espagnole. Or, à la mort de Charles II, le 1er novembre, son testament fut rendu public : il léguait l'ensemble de son royaume et de son Empire à son petit-neveu, le duc d'Anjou, qui était aussi le petit-fils de Louis XIV.

Le duc de Beauvilliers, premier gentilhomme de la Chambre, tenait encore pour le partage entre les différentes nations européennes.

– Voici trois cents ans que nous sommes en guerre contre l'Espagne, et il faudrait maintenant s'allier avec elle ! Non, il faut respecter le traité de partage. Si nous acceptons le testament, nous ne pouvons qu'inquiéter la Hollande et irriter l'Angleterre. Ce sera la guerre contre l'Empire, et cette guerre nous éloignerait de l'annexion de la Lorraine, elle causerait la ruine de la France.

Le chancelier Pontchartrain s'opposa à cette argumentation :

– Songez, Messieurs, que l'Espagne est forte de son empire d'Amérique. De Bayonne à Dunkerque, on ne rêve que d'inonder l'Amérique de toiles bretonnes et de **bois d'ébène**. Le prestige et les profits du royaume s'en trouveront augmentés d'autant. Préférez-vous que cette richesse aille à l'Angleterre ou aux Pays-Bas ? Nous saurons bien faire face à nos ennemis.

Monseigneur, revenu de l'une de ses chasses au loup qu'il affectionnait, renchérit :

Bois d'ébène : nom donné aux esclaves travaillant dans les plantations.
Monseigneur : fils aîné du roi.

– J'entends assurer à mon fils un grand royaume.

La partie était risquée. À l'issue de la guerre précédente, qui avait duré dix années, Louis n'avait pu garder de toutes ses conquêtes que Strasbourg et l'Alsace, et avait dû rendre toutes les autres. Et le royaume semblait à bout de forces. Fidèle à son habitude, le roi avait gardé le silence et réservé sa décision. À soixante-deux ans, il ne laissait rien paraître des souffrances de son corps malade.

L'ambassadeur et son secrétaire furent enfin introduits dans le cabinet du roi. Ils firent une profonde révérence à laquelle le roi répondit en touchant son chapeau. Louis fit venir le duc d'Anjou, son petit-fils, qui attendait sans mot dire dans la pièce voisine en compagnie de ses deux frères, le duc de Bourgogne et le duc de Berry. Apparut alors un frêle jeune homme de dix-sept ans à l'air timide et fort étonné, car personne ne l'avait averti.

Louis dit à l'ambassadeur :

– Vous le pouvez saluer comme votre roi.

L'ambassadeur se jeta à ses pieds, et se lança dans un long compliment. Le roi l'interrompit :

– Il n'entend pas encore l'espagnol, c'est à moi de répondre pour lui.

Les portes furent ouvertes. Une masse de courtisans se pressa, rapidement le silence se fit.

Le roi dit d'une voix forte :

– Messieurs, voici le roi d'Espagne. La naissance l'appelait à cette couronne ; toute la nation l'a souhaité et me l'a instamment demandé, ce que je lui ai accordé avec plaisir. C'était l'ordre du Ciel.

Puis se tournant vers son petit-fils :

– Soyez bon Espagnol, c'est présentement votre premier devoir, mais souvenez-vous que vous êtes né français pour entretenir l'union entre nos deux nations. C'est le moyen de les rendre heureuses et de conserver la paix de l'Europe.

Trois semaines plus tard, Philippe V prenait la route de l'Espagne. Son voyage devait être facilité puisque, selon le mot de l'ambassadeur espagnol, « les Pyrénées s'étaient effacées »…

Comme prévu, la décision de Louis provoqua la guerre. Le 15 mai 1702, l'Empereur, l'Angleterre et les Provinces-Unies déclaraient la guerre à la France et à l'Espagne. La guerre de la Succession d'Espagne commençait. D'une victoire sur ses ennemis, Louis pouvait attendre l'agrandissement de son royaume au nord, et à l'est, en Lorraine et dans les Alpes, et la maîtrise des mers – la Méditerranée, mais aussi la mer du Nord, et surtout l'Atlantique.

Pour la troisième grande guerre de son règne, le roi avait dû à nouveau trouver des alliés, confier le sort du royaume à des généraux, pas toujours brillants – Catinat, Villeroi –, réunir des milliers de soldats, mobiliser des bateaux, et

surtout, trouver de l'argent, beaucoup d'argent… Mais la victoire n'était pas venue, bien au contraire.

Au mois de juin 1709, après déjà sept ans de guerre, Louis avait perdu successivement tous ses alliés : le Portugal, la Savoie et la Bavière, et à force de défaites, le royaume vivait dans la crainte d'être envahi. Lors du **Grand Hyver**, le vin même avait gelé à Versailles. Les convois de blé envoyés dans nombre de régions avaient été insuffisants pour empêcher environ six cent mille personnes de mourir. Les gens du peuple mouraient de froid et de faim. À Paris, le roi avait ordonné de faire dire des prières publiques

Grand Hyver : hiver de l'année 1709 resté dans les mémoires comme particulièrement froid.

à sainte Geneviève, protectrice de la ville, pour apaiser la colère de Dieu. Mais le peuple grondait, on ne comptait plus les révoltes. En bravant la police et les espions du roi qui exerçaient une surveillance tâtillonne, on récitait une étrange prière :

« Notre père qui êtes à Versailles,
votre nom n'est plus glorifié,
votre royaume n'est plus si grand,
votre volonté n'est plus faite sur la terre, ni sur l'onde.
Donnez-nous notre pain qui nous manque de tous côtés.
Pardonnez à nos ennemis qui nous ont battus,
et non à nos généraux qui les ont laissés faire.
Ne succombez pas à toutes les tentations de la Maintenon,
et délivrez-nous de Chamillart. »

Et la situation des finances était si grave que Chamillart, à la fois secrétaire d'État à la Guerre et contrôleur général des Finances, avait prié le roi d'accepter sa démission en ces termes : « J'ai toujours eu du courage et les forces ne m'ont point manqué tant que j'ai eu des ressources. Elles sont malheureusement épuisées. Je commence à travailler à l'impossible. »

On commençait à douter des capacités d'un roi affaibli de soixante et onze ans, autant dire un vieillard, et de ses successeurs désignés. La chanson à la mode à Paris était sans pitié :

« Le grand-père est un fanfaron, le fils un imbécile, le

petit-fils un grand poltron, ohé, la belle famille !... »

Louis se sentait entouré de médiocres, de financiers trop gourmands qui lui marchandaient leur aide sou à sou, de généraux incapables. Il ne pouvait s'empêcher d'admirer les généraux des armées ennemies comme le prince Eugène ou le duc de Marlborough, à qui rien ne semblait résister. Il voyait les vaisseaux anglais se promener en Méditerranée comme les cygnes sur le Grand Canal, et même ses tentatives de négociation se heurter à des chantages inacceptables. Sa seule consolation étaient les rudes coups portés à la flotte anglaise par des marins audacieux, **corsaires** et officiers de la marine royale, à partir des ports de Toulon, de La Rochelle, de Saint-Malo, de Dunkerque, de Dieppe.

Au conseil du 12 juin, le nouveau ministre des Finances, Desmarets, ne cacha point son inquiétude :

– Au vu des finances, Votre Majesté, nous ne pouvons faire ni la guerre ni la paix. Quelle est votre volonté ?

Le maréchal de Vendôme, parfait courtisan mais piètre militaire, osa une suggestion :

– Assemblez promptement les **états généraux** de votre royaume et exposez-leur vous-même l'insolence de vos ennemis. Je ne doute point qu'une pareille démarche ne réveille la fierté de la nation et ne vous donne les moyens de continuer encore la guerre.

Corsaires : marins qui se battent au nom du roi et partagent avec lui les prises.
États généraux : assemblée politique de représentants de tout le royaume.

Le roi fit apparemment un effort pour se dominer.

– Je ne laisserai personne oublier que les rois sont les arbitres souverains de la conduite des hommes !

Pourtant Louis fit un choix étonnant, en décidant de s'adresser directement à ses sujets. Les évêques dans leur diocèse, les gouverneurs et les intendants des provinces eurent mission de répandre partout une lettre :

« L'espérance d'une paix prochaine était si généralement répandue dans mon royaume que je crois devoir à mes peuples la consolation de les informer des raisons qui m'empêchent encore qu'ils ne jouissent du repos que j'avais dessein de leur procurer. J'avais accepté, pour rétablir la paix, des conditions bien opposées à la sûreté de nos provinces frontières ; mais mes ennemis ont multiplié leurs prétentions. Ils ont exigé mon aide pour contraindre le roi mon petit-fils à descendre du trône d'Espagne. Quoique ma tendresse pour mes peuples ne soit pas moins vive que celle que j'ai pour mes propres enfants, j'aime mieux faire la guerre à mes ennemis qu'à mes enfants. »

Et l'interminable guerre, si cruelle pour le royaume, se poursuivit.

Louis XIV a en partie réussi à accomplir son projet de monarchie absolue : il détient les moyens politiques, diplomatiques, militaires et financiers lui permettant de dicter sa loi à l'Europe et au monde. Cependant, en Hollande et en Angleterre apparaît un nouveau modèle politique très dynamique, capable de défier la puissance française.

Une puissance navale
Louis XIV a confié à Colbert la tâche de faire de la France une puissance navale. La marine royale put ainsi rivaliser avec les marines anglaise et hollandaise.

Combat naval

Louis XIV en grand costume royal

Un monarque absolu
Le tableau ci-contre reflète bien l'image que le roi veut donner de lui-même et de son pouvoir absolu : ancré dans la tradition avec les insignes de la monarchie (épée, couronne, main de justice...) ; semblable au soleil, puisque le manteau d'hermine fleurdelisé figure la nuit étoilée et le jour ; exercé avec une certaine décontraction, révélée par la pose dévoilant des jambes de danseur.

La société des drapiers hollandais

Les Provinces-Unies
Après avoir arraché leur indépendance à l'Espagne, les Provinces-Unies, autour de la Hollande, sont devenues en 1579 une république conduite par de riches négociants. Guillaume d'Orange y prit le pouvoir en 1672, en pleine guerre avec la France, mais il maintint les conditions d'un extraordinaire dynamisme économique, joint à une certaine liberté politique inédite pour l'époque.

La Chambre des communes anglaise

“ Messieurs, voici le roi d'Espagne. La naissance l'appelait à cette couronne... ”

Philippe V, roi d'Espagne, 1700-1746

L'Angleterre
La révolution de 1649 fit de l'Angleterre une république dirigée par Cromwell. La monarchie restaurée dut accepter, en 1688, de partager le pouvoir avec la Chambre des communes, une assemblée élue organisant un face à face entre majorité et opposition.

L'Espagne
Louis XIV réussit à imposer son petit-fils à la tête du royaume ibérique, au prix très lourd pour ses sujets de la longue guerre de la Succession d'Espagne (1701-1714). Il fit reconnaître Philippe V par les autres cours d'Europe, mais il dut accepter que les deux monarchies ne soient jamais réunies en une seule.

Le temps des deuils

Au soir du 16 avril 1712, dans la chambre de Mme de Maintenon, devenue le centre de la Cour, le roi et la marquise étaient assis dans leurs fauteuils, de chaque côté de la cheminée. Un silence mélancolique avait envahi la pièce, à peine troublé par le crépitement des bûches et le grognement des chiens. La marquise se laissait aller à de bien tristes pensées. À la Cour, rien n'avait changé en apparence, ni les fêtes ni les jeux, mais derrière les masques, elle sentait à mille détails que chacun déguisait ses sentiments et ses opinions. La Cour, qui avait été la plus belle comédie du monde, avec des acteurs jouant leur rôle à la perfection, était devenue lugubre. Au souper du roi, il n'y avait plus que cinq ou six convives. Chacun avalait son repas sans prononcer une parole, comme dans un couvent, essayant de deviner les pensées de ses voisins. L'heure était aux intrigues.

Mais comment aurait-il pu en être autrement ? En moins d'un an, entre le 14 avril 1711 et le 8 mars 1712, le roi avait perdu son fils, Monseigneur. Louis, d'ordinaire si réservé, éclata en sanglots devant ses ministres. Mais l'intérêt de l'État exigeait qu'il se reprenne. Le dauphin fut donc enterré à Saint-Denis, sans cérémonie particulière afin d'éviter les dépenses superflues. Puis vint le tour de son petit-fils, le duc de Bourgogne : le nouveau dauphin avait disparu moins d'un an après son père. Il avait suivi son épouse dans la mort. Certes, c'était une jeune écervelée, toujours à faire l'enfant, mais elle était la seule à égayer un peu les tristes jours du roi. Trois semaines plus tard, Dieu avait rappelé à lui le troisième dauphin, l'aîné des arrière-petits-fils, le duc de Bretagne. Tous les espoirs de la maison de France reposaient désormais sur les frêles épaules de Louis, duc d'Anjou, qui n'avait que quatre ans. Un jour, alors qu'il était atteint d'une forte fièvre, les médecins avaient voulu le saigner, mais ses gouvernantes s'y étaient fortement opposées. En le tenant bien au chaud, elles le sauvèrent, à la grande honte des hommes de l'art.

Les défaites continuaient. Le maréchal de Villars, le seul militaire de valeur sur qui Louis pouvait compter en ces tristes temps, de retour des champs de bataille, se fit introduire auprès du roi :

– Sire, on me dit que le marquis de Torcy a bon espoir de signer la paix avec les Anglais, et par ailleurs les officiers qui savent que les pourparlers de paix avancent refusent d'aller au combat de bon gré.

– Croient-ils la paix si proche ? Les caisses sont vides, Villars ! Nous ne devons notre crédit qu'aux prises que M. Duguay-Trouin a faites sur les Portugais en prenant Rio de Janeiro à l'automne. Encore ai-je dû faire de cet armateur courageux un capitaine de vaisseau, lui confier une escadre, six mille marins et cinq cents soldats, pour que l'on ne puisse dire que le destin du royaume est dans les mains de ces marchands de Saint-Malo, et que les corsaires viennent au secours de la marine royale !

La marquise, qui avait suivi la conversation, détourna le regard et se plongea dans sa broderie. Elle ne se lassait pas de demander la paix mais ce n'étaient pas ses avis qui faisaient la guerre ou la paix. Elle pouvait néanmoins les dire librement car elle connaissait le peu de valeur que Sa Majesté leur accordait.

Le roi poursuivit :

– Villars, depuis trois ans que Lille est tombée, nous sommes sous la menace d'une invasion. Le prince Eugène assiège Landrecies, il faut l'arrêter, sinon la route de Paris lui est ouverte. Il vous revient de protéger le royaume. Si par malheur vous échouiez, je vous rejoindrais sur la Somme, où nous péririons ensemble faute de sauver l'État.

En prenant son air martial, le maréchal assura :

– Je me fais fort de faire rendre gorge au prince Eugène, quels sont vos ordres ?

– Voici ce que j'ai arrêté : faire croire à l'ennemi que

nous allons délivrer Landrecies, mais, en secret et de nuit, marcher vers l'ouest, traverser l'Escaut et nous emparer de Denain, son camp retranché où se trouvent ses réserves. Mais n'oubliez pas, maréchal, la réussite de notre entreprise repose sur votre silence…

– Tout sera fait selon vos ordres, Majesté.

Et le maréchal prit congé, après avoir salué la marquise demeurée silencieuse.

Le 24 juillet au soir, le plan avait réussi. Une charge à la baïonnette avait mis en déroute les soldats du prince Eugène. La prise de Denain stoppait l'invasion du royaume. Sitôt la nouvelle connue, ce fut à la Cour un débordement de joie. Le roi en fut si flatté qu'il en remercia les courtisans, pour la première fois de sa vie.

La paix était désormais l'affaire des diplomates plus que des militaires. Elle fut enfin signée à Utrecht, puis à Rastadt. Les frontières du royaume étaient à peu près intactes, Strasbourg restait française. Le roi d'Espagne conservait son trône, mais il lui fallut accepter le renoncement de tous les Bourbons de France à la couronne d'Espagne. Le grand vainqueur de la guerre était le royaume d'Angleterre qui parvenait à ravir à l'Espagne l'essentiel du commerce avec les colonies américaines. Le royaume était exsangue.

Le vieux roi, déçu dans ses ambitions, endeuillé, fatigué, semblait se détourner de Versailles, du faste et de la foule. La vie de Cour semblait s'être retirée à Chantilly chez le prince de Condé, ou à Sceaux chez sa fille, Anne-Bénédicte de Bourbon, duchesse du Maine. Louis allait volontiers à Marly qu'il avait petit à petit aménagé luxueusement, ou bien à la maison de Saint-Cyr. Il était de plus en plus solitaire et ne trouvait de réconfort qu'auprès de Mme de Maintenon et de son nouveau confesseur, le père Le Tellier, un homme imbu de ses certitudes.

Mme de Maintenon ne cessait de dire sa fatigue :

– Je suis lasse de la Cour, Majesté, j'y vois des bassesses,

des trahisons, des ambitions démesurées, des gens qui ne cherchent qu'à se détruire les uns les autres et tout cela souvent pour des bagatelles. Les femmes me sont insupportables, leur habillement insensé et immodeste, leur tabac, leur vin, leur gourmandise, leur grossièreté, leur paresse… tout cela est si opposé à mon goût et à la raison que je ne puis le souffrir.

– Mais enfin, Madame, comment pouvez-vous à ce point détester notre vie passée ? Ne trouvez-vous donc de réconfort que dans la religion ?

– Parlons donc de religion ! Il est bien triste de voir les progrès que fait à nouveau le jansénisme : il s'étend de tous côtés dans le royaume, et gagne presque tous les couvents.

Il est vrai qu'en ces temps troublés de la fin du règne, le roi n'était pas le seul à s'en remettre à Dieu. Il avait cru se débarrasser définitivement des jansénistes en faisant raser l'abbaye de Port-Royal des Champs, disperser les religieuses dans d'autres couvents, détruire leur cimetière, exhumer les corps des religieuses pour les jeter dans une fosse commune... Quant aux protestants, ils résistaient toujours. Pendant huit ans, dans les Cévennes, les **camisards** avaient tenu tête aux troupes royales. Il avait fallu l'arrivée de Villars à la tête de 10 000 hommes pour en venir à bout. Mais cette guerre avait duré encore cinq années, détruit des dizaines de villages et fait des centaines de morts, de blessés et de condamnés aux galères.

Camisards : armée de paysans et de montagnards protestants.

Louis savait qu'autour de lui, certains songeaient à des réformes radicales à réaliser après sa mort, visant notamment à diminuer l'autorité du roi au profit d'assemblées et de la vieille noblesse. On ne se gênait plus guère pour critiquer son caractère. Fénelon l'avait décrit quinze ans auparavant comme dur, hautain, fastueux, insensible... Ceux qui partageaient cet avis étaient de plus en plus nombreux.

LOUIS XIV VEUT CONTRÔLER étroitement la population et éliminer impitoyablement toute opposition en créant à Paris un lieutenant de Police spécialement chargé de la surveillance (1667), et en réformant la justice (1670) pour étendre les cas directement traités par les juges du roi.

Deux pendus

La peine de mort
Ceux qui osent se rebeller contre l'ordre du roi risquent la peine de mort : ils sont décapités s'ils sont nobles, pendus dans le cas contraire.

Chantier de construction navale de Rochefort

Les galères
Une flotte d'une quarantaine de galères témoigne de la rigueur de la justice du roi. Elles sont mues par deux cent cinquante rameurs enchaînés, la chiourme. Sous le règne de Louis XIV, 40 000 déserteurs des armées, faux-monnayeurs, trafiquants de sel, et protestants après 1685, ont été condamnés à servir sur ces bagnes flottants. Les galères contribuent aussi à affirmer la présence française en Méditerranée.

Le supplice de la roue

“ Fénelon avait décrit le caractère du roi comme dur, hautain, insensible... ”

Bracelets de force de galériens

Fénelon

Fénelon (Périgord 1651 – Cambrai 1715)
Théologien rival de Bossuet, et précepteur du duc de Bourgogne, petit-fils du roi, il tombe en disgrâce en 1699 après avoir laissé paraître un ouvrage critiquant l'absolutisme. Il représente un courant réformateur de la monarchie que Louis a réduit au silence.

La réforme de la justice
En 1670, la réforme de la justice confirme la procédure inquisitoire, où l'instruction menée par le juge est secrète et a pour but d'arracher des aveux, y compris au moyen de la torture.
En revanche, en Angleterre, en 1679, l'*habeas corpus* protège l'accusé, laissé libre jusqu'au procès, en obligeant le juge à faire la preuve de ses accusations, et interdit la torture.

La mort du roi

Versailles, le 25 août 1715.

Pour le jour de la Saint-Louis, les tambours, les violons et les hautbois étaient venus jouer l'**aubade** sous la fenêtre de la chambre du roi. Depuis sept jours, Louis ne quittait pratiquement plus sa chambre. Fagon et quatre de ses collègues médecins appelés à son chevet avaient d'abord diagnostiqué une nouvelle attaque de goutte, et appliqué les remèdes ordinaires. Mais il leur avait fallu se rendre à l'évidence : la **gangrène** annonçait une mort prochaine.

Le ballet des courtisans commença alors. Tantôt ils s'entassaient dans la galerie et les cabinets proches de la chambre du roi, tantôt ils se

Aubade : concert donné à l'aube sous les fenêtres de celui que l'on veut honorer.
Gangrène : pourriture généralisée du corps.

rendaient chez le duc d'Orléans, le neveu du roi et futur régent. Les rumeurs allaient bon train, chacun apportant nouvelles et commentaires.

– On dit que le père Tranquille, un guérisseur de Paris, est venu proposer son baume miracle...

– Les médecins vont-ils parvenir à le sauver cette fois ?

– L'étonnant est qu'il ait pu survivre si longtemps à leur acharnement !

– Le temps n'est-il pas venu pour lui de s'en remettre à Dieu ?

– Nous avons encore chassé le cerf avec Sa Majesté voici deux semaines.

– La dernière fois que nous l'avons vu debout, c'est lors de la réception de l'ambassadeur de Perse, le 13 de ce mois.

– Ensuite, il a été transporté en fauteuil de la salle du Conseil aux appartements de Mme de Maintenon.

– Les tristes événements de la guerre l'ont profondément affligé.

– Mais la perte de ses héritiers lui a porté des coups si violents qu'il lui a fallu toute sa grandeur d'âme et son grand courage pour se soutenir au milieu de tant d'accablement.

– Il n'a guère confiance dans le régent qu'il a dû nommer pour lui succéder, pense-t-il laisser son royaume à ses bâtards ?

– Son testament est scellé, on n'en pourra prendre connaissance qu'après sa mort.

Depuis le jour de mai 1643 où la reine Anne, sa mère, s'était agenouillée devant le nouveau roi, soixante-douze années s'étaient écoulées. Louis, dans sa soixante-dix-septième année, sentant sa fin très proche, voulait mourir en majesté. Le soir de la Saint-Louis, malgré sa grande faiblesse, le roi souhaita dîner en public, et en musique, avec vingt-quatre violons, comme il l'avait toujours fait.

– J'ai vécu parmi les gens de ma Cour. Je veux mourir parmi eux, déclara-t-il au marquis de Dangeau, son dernier confident.

Puis, après s'être confessé au père Le Tellier, il reçut l'extrême-onction du curé de la paroisse de Versailles, en présence du cardinal de Rohan, d'une douzaine de courtisans, et de Mme de Maintenon présente en permanence à son chevet.

Le lendemain, il fit ses adieux aux courtisans, aux domestiques, aux valets de chambre, aux huissiers.

– Messieurs, je suis content de vos services. Vous m'avez fidèlement servi, avec le désir de me plaire. Je vous quitte avec regret. Servez le dauphin avec la même affection que vous m'avez servi. Je m'en vais, mais l'État demeurera toujours, soyez-y fidèlement attachés. Suivez les ordres que

mon neveu vous donnera, il va gouverner le royaume, j'espère qu'il le fera bien. J'espère aussi que vous ferez votre devoir et que vous vous souviendrez quelquefois de moi. Pourquoi pleurez-vous ? Est-ce que vous m'avez cru immortel ? Pour moi, je n'ai jamais cru l'être.

Le moment arriva de mettre en ordre les affaires du royaume. Louis fit venir à son chevet le duc d'Orléans, puis le futur roi, son arrière-petit-fils.

– Mon neveu, vous voyez ici un roi dans le tombeau et un autre dans le berceau. J'espère que vous aurez bien soin de ce jeune prince, votre roi. Je vous le recommande

et meurs en repos, le laissant entre vos mains. Vous verrez par mes dernières dispositions l'entière confiance que j'ai en vous, vous êtes régent du royaume, votre naissance vous donne ce droit et mon inclination est de concert avec la justice qui vous est due. Gouvernez bien l'État pendant la minorité de ce prince. S'il meurt, vous êtes le maître.

– Mais, Sire…

– … et s'il vit, tâchez surtout d'en faire un roi chrétien, qu'il aime son peuple et qu'il s'en fasse aimer.

Vint le tour du petit dauphin, intimidé et tremblant. Il avait cinq ans et demi, tout comme Louis à la mort de

son père. Le vieux roi trouva la force de le placer face à son destin :

– Mignon, vous allez être un grand roi, mais tout votre bonheur dépendra de votre soumission à Dieu et du soin que vous aurez à soulager vos peuples, ce que je suis assez malheureux pour n'avoir pu faire. Il faut pour cela que vous évitiez autant que vous le pourrez de faire la guerre : c'est la ruine des peuples. Ne suivez pas le mauvais exemple que je vous ai donné sur cela. J'ai souvent entrepris la guerre trop légèrement et l'ai soutenue par vanité. Ne m'imitez pas, mais soyez un prince pacifique, et que votre principale application soit de soulager vos sujets.

Épuisé par tant d'efforts, le roi tourna la tête et se rendormit.

Au cours de ces derniers jours, à aucun moment lorsqu'il était éveillé, Louis ne cessa de prier les mains jointes. Sans la moindre terreur, il confessa ses péchés, exprima sa confiance en Dieu et son repentir pour les fautes commises. Il voulait mourir comme il avait vécu, en bon chrétien, dans l'Église catholique, apostolique et romaine.

Le 28 août, il prit congé de Mme de Maintenon en lui livrant ses dernières volontés :

– J'ai couché sur mon testament nos fils bien-aimés, le

duc du Maine et le comte de Toulouse, comme membres du conseil de régence.

– Mais, Sire, Mme de Montespan n'était point reine, faire des enfants que vous avez eus d'elle des princes de sang royal, n'est-ce pas là offenser la tradition ?

– Je dois veiller à la succession…

– Vous n'avez pas failli : vous laissez un Bourbon à Madrid, un autre à Versailles !

Le roi eut un long silence. Enfin, il ajouta :

– Adieu, Madame, je ne vous ai pas rendue heureuse ; mais tous les sentiments d'estime et d'amitié que vous méritez, je les ai toujours eus pour vous.

Mme de Maintenon embrassa une dernière fois les mains du roi. Elle se retira, pour ne pas offenser la pudeur du mourant. La vieille dame de quatre-vingts ans savait que ces instants étaient les derniers de trente-trois années de vie commune.

Dès la mort du roi, le 1er septembre à huit heures du matin, le duc de Bouillon, le grand chambellan, prononça au balcon de la cour de marbre la phrase rituelle :

– Le roi est mort, vive le roi !

Puis les gardes emmenèrent le nouveau roi à Vincennes, que Louis avait jugé plus sûr que Versailles.

Le régent fit casser le testament, et se prépara à régner.

Après autopsie, pour vérifier s'il n'avait pas été empoisonné, le corps du roi fut embaumé et placé dans un double cercueil.

Le 9 septembre 1715, le cortège royal quitta Versailles à neuf heures du soir, et arriva le lendemain à Saint-Denis, la nécropole des rois. Tout au long de la route, qui contourna Paris, le cortège funèbre fut accompagné de huées, de chansons, d'insultes... tant Louis était devenu impopulaire.

LA MORT DE LOUIS XIV vient clore le plus long règne de l'histoire d'une France plus grande, mieux défendue, mieux administrée, en partie pacifiée après lui. Mais ses sujets ont payé assez cher son orgueil, ses ambitions et ses rêves de puissance et de gloire.

Mme de Maintenon (Niort 1635 – Saint-Cyr 1719)
Cultivée, intelligente et très pieuse, soucieuse d'éduquer les filles de la noblesse, l'épouse secrète du roi depuis 1683 a souvent été accusée, sans doute à tort, de jouer un rôle politique occulte, de soutenir tel clan contre tel autre, et d'avoir terni l'éclat de la Cour en la rendant dévote et ennuyeuse.

Mme de Maintenon

Sortie de Louis XV après le lit de justice cassant le testament de Louis XIV

La succession du roi
Louis XIV fut enterré, comme beaucoup de rois, dans l'hostilité générale et la haine particulière des Parisiens. Au nom de Louis XV, son arrière-petit-fils et successeur, le régent décida aussitôt de ne pas respecter son testament, et rendit au parlement de Paris les droits que Louis XIV lui avait ôtés.

Les funérailles de Louis XIV

« Au cours de ses derniers jours, lorsqu'il était éveillé, Louis ne cessa pas de prier, les mains jointes. »

Les Invalides

L'hôtel des Invalides
Accueillant trois mille pensionnaires en 1715, l'hôtel des Invalides reflète bien les contradictions du règne. Ce monument à la gloire du roi victorieux est en même temps un lieu d'enfermement où les soldats sans ressources sont soumis à une discipline extrêmement stricte, proche de celle d'un monastère.

Louis XIV devant l'histoire

Les témoignages des contemporains

Louis XIV régna soixante-douze ans et gouverna cinquante-quatre ans, d'une jeunesse flamboyante à une vieillesse digne et austère. De son règne et de sa vie exposée en permanence au regard de la Cour, on sait tout ou presque grâce à de très nombreux témoins, qui avaient conscience de côtoyer une personnalité exceptionnelle. Parmi ces principaux témoins, sa belle-sœur, la princesse Palatine (1652-1722), Mme de Sévigné (1626-1696), le comte de Saint-Simon (1675-1755), ainsi que des personnages plus obscurs comme le médecin du roi, Guy-Crescent Fagon (1638-1718).

Jean de La Fontaine (1621-1695)
Protégé de Fouquet puis d'autres puissants personnages, ami des grands écrivains de son temps, Mme de Sévigné, Charles Perrault, Molière, Boileau, Racine… il s'essaya à tous les genres avant de connaître le succès avec ses *Fables*. Il fut élu en 1684 à l'Académie française, mais malgré ces honneurs, il resta un témoin lucide du règne de Louis XIV, fréquentant longtemps les milieux libertins opposés à l'ordre voulu par l'Église et le roi.

Légende noire et légende dorée

Le premier à se risquer à décrire le règne du Roi-Soleil fut Voltaire, en 1751, dans *Le Siècle de Louis XIV*. Depuis, les innombrables historiens qui l'ont suivi hésitent entre l'admiration éperdue pour l'homme et la détestation de son orgueil démesuré. Encore aujourd'hui, il subsiste un courant d'historiens monarchistes, continuateurs de Pierre Gaxotte (1895-1982), qui s'opposent à des historiens républicains, derrière Ernest Lavisse (1842-1922), sur la question de la « monarchie absolue » et de ses conséquences sur la vie politique de notre pays.

Les historiens et Louis XIV

Pour faire œuvre d'historien, il faut resituer l'homme dans son temps, au sein de sa famille,

du milieu des courtisans, des artistes. Voltaire le disait déjà : « Ce n'est pas seulement la vie de Louis XIV qu'on prétend écrire (...) on veut essayer de peindre à la postérité (...) l'esprit des hommes dans le siècle le plus éclairé qui fut jamais. »
Pierre Goubert, avec son ouvrage *Mazarin, Louis XIV et vingt millions de Français* (Fayard, 2005) a, parmi d'autres, brillamment exploré cette voie sans oublier le sort des sujets du roi.
Parmi les essais que nous pouvons recommander, citons *Chronique du règne de Louis XIV* de Joël Cornette (SEDES, 1997), *Splendeurs et misères du XVIIe siècle* de Pierre Goubert (Fayard, 2005) ainsi que *Louis XIV* de Yves-Marie Bercé (Le Cavalier bleu, 2005).

François-Marie Arouet, dit Voltaire
(1694-1778)
Le célèbre philosophe des Lumières a été très impressionné par Louis XIV au point de se faire son biographe. Il était particulièrement admiratif de sa façon d'encourager les écrivains, les artistes, les architectes... à construire sa propre gloire et aussi la renommée de la culture française pour les siècles suivants.

Le parti pris de l'auteur

Nous ne pouvons cacher que mettre en scène les faits et les gestes de ce véritable monument, dont l'œuvre est encore si présente aujourd'hui et qui a intéressé tant d'historiens brillants, intimide.
Mais la principale difficulté à laquelle nous nous sommes heurté est celle-ci : comment séparer l'homme privé du personnage royal ? Comment deviner les sentiments véritables de cet homme d'exception à travers ses actes ? Louis a constamment œuvré à dissimuler sa véritable personnalité, car paraître impassible devant les événements était pour lui l'une des qualités du souverain, inséparable de sa majesté et de sa dignité.
C'est peut-être là que réside le véritable génie de Louis XIV : demeurer une énigme qui ne se laissera jamais tout à fait découvrir.

***Voltaire, auteur du* Siècle de Louis XIV**

Crédits photographiques

h : haut b : bas
d : droite g : gauche
c : centre

18 g : *Entrée de Louis XIII dans La Rochelle*, P. Courtillaud, Musée d'Orbigny-Bernon, La Rochelle © AKG / E. Lessing ; hd : Couronne de Louis XV, A. Duflot, Musée du Louvre, Paris © RMN/M. Beck-Coppola ; b : *Anne d'Autriche*, d'après Rubens, Châteaux de Versailles et de Trianon © RMN/ G. Blot.

19 h : *Rencontre de Louis XIV et Philippe IV à l'île des Faisans le 7 novembre 1659*, Laumosnier, Musée Tessé, Le Mans © Bridgeman / Giraudon ; b : *Le cardinal Mazarin*, Ph. de Champaigne, Musée Condé, Chantilly © RMN / H. Bréjat.

30 c : *Visite de Louis XIV à la manufacture des Gobelins*, d'après Ch. Lebrun, Châteaux de Versailles et Trianon, Versailles © RMN / Ch. Jean / J. Schormans ; b : *J.- B. Colbert*, C. Lefebvre, Châteaux de Versailles et de Trianon © RMN / G. Blot.

31 h : *Port au blé et pont au Change*, Paris, Musée Carnavalet, Paris © Bridgeman / Giraudon / Fonds Charmet ; c : *Famille de paysans dans un intérieur*, L. Le Nain, Musée du Louvre, Paris © RMN / F. Raux ; b : *F.-M. Le Tellier, marquis de Louvois*, C.-A. Hérault, Châteaux de Versailles et de Trianon © RMN/ G. Blot.

42 hg : *La porte Saint-Denis*, Musée Carnavalet, Paris © Bridgeman / Giraudon ; c : *Courses de testes et de bague*, 1662, Bibliothèque municipale, Versailles © RMN.

43 h : *Farceurs français et italiens*, Théâtre-Français, Paris © RMN / Bulloz ; b : *Louis XIV en Apollon*, Bibliothèque nationale de France, © RMN / Bulloz.

54 b : *Louis XIV vêtu à la romaine couronné par la Victoire*, Château de Versailles, d'après P. Mignard © RMN / D. Arnaudet ; ch : *Le siège de Tournai*, A. F. Van der Meulen, Châteaux de Versailles et de Trianon © RMN/ R. G. Ojéda.

55 h : Plan en relief de Tournai, Musée des Beaux-Arts, Lille © RMN / R. G. Ojéda ; b : *Explosion d'une mine*, in *Traité de la guerre de siège*, service historique de l'armée de Terre © Bridgeman / Giraudon.

66 hg : La cour de marbre, Châteaux de Versailles © RMN / D. Arnaudet ; hd : Maquette de la chambre du roi, C. Arquinet, Châteaux de Versailles et de Trianon © RMN / G. Blot ; b : *Dame en falbala à la promenade*, Bonnart, Carnavalet, Paris © The Art Archive / Musée Carnavalet / G. Dagli-Orti.

67 h : *Vue du château de Versailles en 1668*, P. Patel, Châteaux de Versailles et de Trianon © RMN / G. Blot / D. Arnaudet ; c : *Louis XIV reçoit dans la galerie des Glaces*, A. Coypel, Châteaux de Versailles et de Trianon © RMN / G. Blot ; bd : Grille de Versailles © Gallimard/ B. Lenormand.

78 hg : Sorcière sur le bûcher, in *Registre des condamnations*, archives municipales, Lille © RMN / Ph. Bernard ; b : *Un dragon fait signer sa conversion à un hérétique*, Engelman, 1686, Bibliothèque nationale de France. Coll. archives Gallimard.

79 h *Procession de la Fête-Dieu à Aix-en-Provence*, peint entre 1710 et 1740, Musée du Vieil Aix, Aix-en-Provence © J. Bernard ; b : *Interrogation des religieuses de l'abbaye de Port-Royal*, XVIIIe s., Musée de Port-Royal, Magny-les-Hameaux © RMN / Th. Ollivier ; bd : *J.B. Bossuet*, H. Rigaud, Musée du Louvre, Paris © RMN / J. Schormans.

88 b : *Dégustation de chocolat*, Delft 1710, Musée national de la céramique, Sèvres © RMN / M. Beck-Coppola ; h : *Port de Bordeaux*, J. Vernet, Musée de la Marine © RMN.

89 cg : *Les sept œuvres de miséricorde*, D. Téniers II, Musée du Louvre, Paris © RMN / J.G. Berizzi ; cd : *Les redevances seigneuriales*, in *Proverbes* de J. Lagniet, 1657, Bibliothèque nationale de France. Coll. archives Gallimard.

100 g : *Combat naval en vue du cap Lézard en Cornouailles, le 21 octobre 1707,* Th. J.A. Gudin, Châteaux de Versailles et de Trianon, Versailles © RMN / G. Blot ; c : *Louis XIV en grand costume royal,* d'après H. Rigaud, Châteaux de Versailles et de Trianon © RMN / G. Blot.

101 h : *La société des drapiers*, Rembrandt, Rijksmuseum, Amsterdam © AKG ; c : *Intérieur du parlement de Londres*, W. Hollar, Bibliothèque des Arts décoratifs, Paris © Bridgeman / Giraudon / Fonds Charmet ; b : *Philippe V, 1700-1701*, H. Rigaud, Châteaux de Versailles et de Trianon © RMN / G. Blot.

110 hg : *Deux pendus*, Le Guerchin, Musée du Louvre, Paris © RMN / Th Le Mage ; b : *Vue du chantier de construction de Rochefort,* N. Berquin © Musée national de la Marine / P. Dantec.

111 h : *Le supplice de la roue*, C. Callot, Musée Bargoin, Clermont-Ferrand © Bridgeman / Giraudon ; bg : Bracelets de force, Musée d'histoire de la Ville de Saint-Malo © Bridgeman / Giraudon ; bd : *Fénelon*, J. Vivien, Châteaux de Versailles et de Trianon © RMN/ G. Blot.

122 bg : *Mme de Maintenon*, d'après P. Mignard, Musée du Louvre, Paris © RMN / D. Arnaudet ; c : *Funérailles de Louis XIV*, coll. part. © Photo12.com / Hachedé.

123 h : *Sortie de Louis XV après le lit de justice cassant le testament de Louis XIV*, P.-D. Martin, Musée Carnavalet, Paris © Bridgeman-Giraudon ; b : Les Invalides, chapelle Saint-Louis © RMN/ J.G. Berizzi.

124 *La Fontaine*, anonyme, Châteaux de Versailles et de Trianon © RMN/ G. Blot.

125 *Voltaire*, 1735, M.-Q. de La Tour, Musée Antoine-Lécuyer, Saint-Quentin © RMN/ G. Blot.

Bibliographie

C. Biet, *Les Miroirs du Soleil*, Découvertes Gallimard, 2000.

C. Constans, *Versailles, château de la France et orgueil des rois*, Découvertes Gallimard, 1999.

C. Delaville, *Louis XIV, sous le règne du Roi-Soleil*, Hachette Jeunesse/ Le Louvre, 2005.

A.-M. Desplat-Duc, *Les Colombes du Roi-Soleil*, tomes I et II, Père Castor/ Flammarion, 2005.

Versailles, Encyclopédie du Voyage, Gallimard, 2005.

Site internet

Château de Versailles

www.chateauversailles.fr

Sur les traces

Direction éditoriale : Françoise Favez
Direction artistique : Élisabeth Cohat

Sur les traces de Louis XIV

Graphisme : Laure Massin, Christine Régnier
Édition : Françoise Favez
Iconographie : Nathalie Lasserre
Carte : Fernand Mognetti

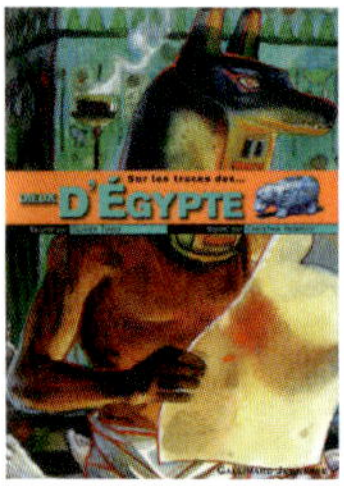

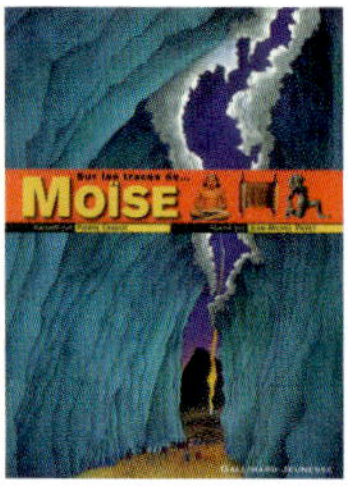

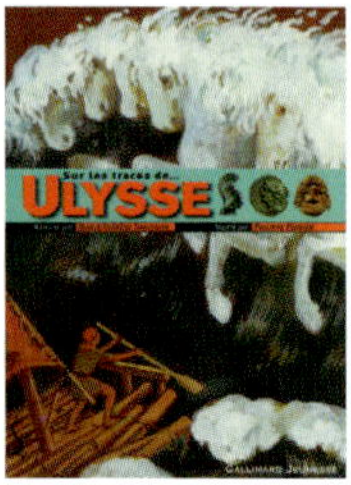

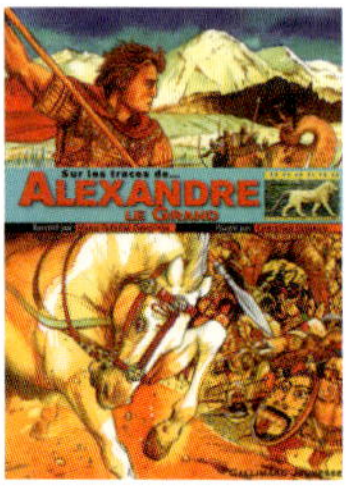

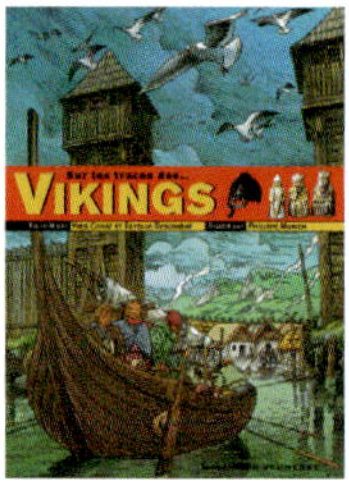

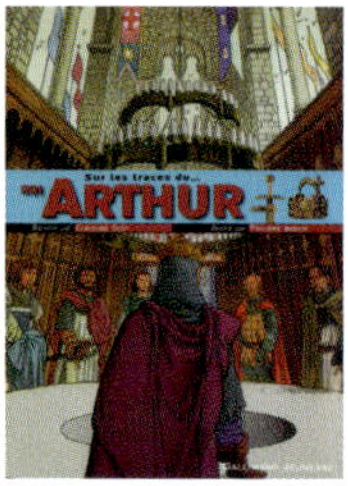

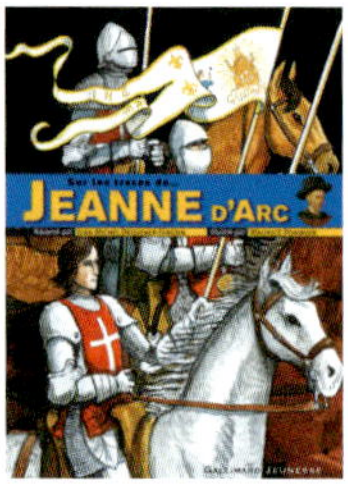

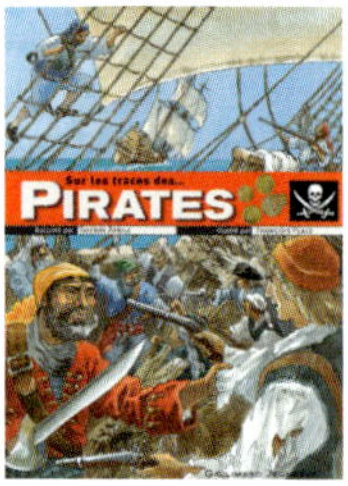

DANS LA MÊME COLLECTION :

Sur les traces de...

Moïse - dieux d'Égypte - Ulysse - fondateurs de Rome - Alexandre le Grand - Jules César - Jésus - Aladdin - Vikings - roi Arthur - Marco Polo - Jeanne d'Arc - Christophe Colomb - Léonard de Vinci - Pirates - Cléopâtre - Napoléon - Darwin - Arabes et l'islam - Dieux grecs - Esclaves - Bouddha